KÖNIGS ERLÄUTERUNGEN SPEZIAL

Textanalyse und Interpretation zu

Anja Tuckermann

MANO. DER JUNGE, DER NICHT WUSSTE, WO ER WAR

Sabine Hasenbach

Alle erforderlichen Infos zur Analyse

Zitierte Ausgabe:
Tuckermann, Anja: *Mano. Der Junge, der nicht wusste, wo er war*. Berlin: KLAK Verlag, 2015.

Über die Autorin dieser Erläuterung:
Sabine Hasenbach hat Mineralogie (mit den Nebenfächern Mathematik, Physik und Chemie) an den Universitäten Köln und Bonn sowie Literaturwissenschaft (mit den Nebenfächern Psychologie und Soziologie) an der FernUniversität in Hagen studiert, wo sie mit einer Arbeit über Katherine Mansfield graduiert worden ist. Sie wohnt in Düsseldorf und arbeitet an der dortigen Heinrich-Heine-Universität. In ihrer Freizeit läuft sie Langstrecke.

1. Auflage 2018
ISBN: 978-3-8044-3134-8
PDF: 978-3-8044-5134-6, EPUB: 978-3-8044-4134-7
© 2018 by Bange Verlag GmbH, 96142 Hollfeld
Alle Rechte vorbehalten!
Titelabbildung © ullstein bild
Druck und Weiterverarbeitung: Tiskárna Akcent, Vimperk

INHALT

1. DAS WICHTIGSTE AUF EINEN BLICK – SCHNELLÜBERSICHT — 6

2. ANJA TUCKERMANN: LEBEN UND WERK — 9

   2.1 Biografie — 9
   2.2 Zeitgeschichtlicher Hintergrund — 11
      Frankreich nach Ende des 2. Weltkriegs — 11
      Jugendbücher zum Thema — 13
   2.3 Angaben und Erläuterungen zu wesentlichen Werken — 16

3. TEXTANALYSE UND -INTERPRETATION — 20

   3.1 Entstehung und Quellen — 20
   3.2 Inhaltsangabe — 23
   3.3 Aufbau — 72
      Die Textoberfläche — 72
      Das erzählte Geschehen — 75
   3.4 Personenkonstellation und Charakteristiken — 77
      Franz-Josef „Mano" Höllenreiner — 78
      Élise Carré — 82
      Familie Fouquet — 83

Madeleine Marcheix-Thoumyre	85
Paulette und Pierre Chassagny	87
Odile und Auguste Chevrier	88
Lucienne und André Knepper	89
Manos Familie	90
Weitere Personen	92
3.5 **Sachliche und sprachliche Erläuterungen**	94
3.6 **Stil und Sprache**	96
Erzählersprache	96
Figurensprache	96
Erzählform und Erzählverhalten	97
Themen und Motive	99
Stilmittel	104
3.7 **Interpretationsansätze**	106
Roman über die nationalsozialistische Ideologie	106
Roman über Humanität	108

4. REZEPTIONSGESCHICHTE 112

5. MATERIALIEN 115

Sinti und Roma im Nationalsozialismus	115
Die Besetzung Frankreichs 1940–1944	119

1. DAS WICHTIGSTE AUF EINEN BLICK – SCHNELLÜBERSICHT

Damit sich jeder Leser in unserem Band rasch zurechtfindet und das für ihn Interessante gleich entdeckt, hier eine Übersicht.

Im 2. Kapitel beschreiben wir das Leben von Anja Tuckermann und stellen den **zeitgeschichtlichen Hintergrund** dar:

⇨ S. 9
→ Anja Tuckermann wurde am 24. November 1961 im fränkischen Selb geboren. Derzeit lebt sie in Berlin.

⇨ S. 11
→ *Mano. Der Junge, der nicht wusste, wo er war*, erstmals 2008 erschienen, ist vor dem Hintergrund der **frühen Nachkriegszeit** zu lesen und der **Jugendliteratur** zuzuordnen.

Im 3. Kapitel bieten wir eine **Textanalyse und -interpretation**.

Mano. Der Junge ... – Entstehung und Quellen:

⇨ S. 20
→ Interesse am Schicksal der Sinti und Roma
→ Bekanntschaft mit Franz-Josef „Mano" Höllenreiner
→ 2007: Arbeit am Roman
→ 2008: Publikation des Romans im Hanser Verlag München

Inhalt:

⇨ S. 23
Im Mai 1945 entkommt der elfjährige deutsche Sinto Franz-Josef „Mano" Höllenreiner dem Todesmarsch der Häftlinge des KZs Sachsenhausen. Er versucht, seine Heimatstadt München zu erreichen, bricht auf der Straße zusammen und wird von Élise Carré gerettet, die einer Gruppe ehemaliger französischer Häftlinge angehört und ihn nach Frankreich mitnimmt. Dort kommt Mano in die Obhut der Familien Fouquet, Chevrier und Madeleine Marcheix-Thoumyre. Sie kümmern sich liebevoll um das durch Aufenthalte in den KZs

6. **PRÜFUNGSAUFGABEN** 122
   MIT MUSTERLÖSUNGEN

LITERATUR 133

STICHWORTVERZEICHNIS 137

Auschwitz, Ravensbrück und Sachsenhausen schwer traumatisierte und unter seinen Albträumen und Ängsten leidende Kind, das aus Angst vor dem Deutschenhass seine Herkunft nicht zu nennen wagt. Derweil initiieren Manos Eltern, die die Lagerhaft überlebt haben, die Suche nach Mano. Auch Madeleine Marcheix-Thoumyre recherchiert über seine Herkunft und setzt sich mit entsprechenden Institutionen in Verbindung. All das führt dazu, dass Manos Eltern gefunden werden und Mano im Dezember 1946 zu seiner Familie nach München zurückkehren kann.

Chronologie, Schauplätze und Aufbau:

Schauplätze des Romans sind Deutschland sowie Frankreich. Erzählt wird überwiegend chronologisch. Im inneren Monolog (vgl. Kapitel 3.6) erinnert sich Mano an seine Kriegserlebnisse. Dokumente, Zeitzeugenberichte dienen als Kommentare.

⇨ S. 72

Personen:

Franz-Josef „Mano" Höllenreiner
→ elfjähriger Sinto mit ungarischen Vorfahren
→ überlebt den Todesmarsch des KZs Sachsenhausen, wird von Franzosen gerettet und nach Frankreich mitgenommen
→ verschweigt aus Angst seine deutsche Herkunft

⇨ S. 78

Manos französische Retter:
→ **Élise Carré** (Mano soll seine Herkunft verschweigen)
→ **Familie Fouquet** (Fifine, Félix und Paul: seine Ersatzfamilie)
→ **Madeleine Marcheix-Thoumyre** (Résistance-Aktivistin)
→ **Paulette und Pierre Chassagny** (wollen Mano adoptieren)
→ **Odile und Auguste Chevrier** aus Le Havre (Lehrerehepaar)
→ **Lucienne und André Knepper** (Verwandte der Fouquets)

⇨ S. 82
⇨ S. 83
⇨ S. 85
⇨ S. 87
⇨ S. 88
⇨ S. 89

⇨ S. 90

Manos Familie (Johannes, Margarete und Lili Höllenreiner)
→ überleben die Lagerhaft und lassen nach Mano suchen

Stil und Sprache:

⇨ S. 96

Die Erzählersprache ist klar. Die Autorin verwendet Figurensprache, zahlreiche Motive und ihre Wiederholungen. Der Roman ist in der Er-Form und Ich-Form geschrieben. Der innere Monolog Manos gibt Einblick in seine Gefühlswelt und seine Erlebnisse während der KZ-Zeit.

Folgende Interpretationsansätze bieten sich an:

⇨ S. 106
⇨ S. 108

→ Roman über die nationalsozialistische Ideologie
→ Roman über Humanität

2. ANJA TUCKERMANN: LEBEN UND WERK[1]

2.1 Biografie

Anja Tuckermann (*1961) © picture-alliance / dpa

JAHR	ORT	EREIGNIS	ALTER
1961	Selb/Bayern	Anja Tuckermann wird am 24. November geboren. Sie wächst in Berlin-Kreuzberg auf.	
1980– 1991	Berlin	Engagement in der feministischen Mädchenbewegung: Mitbegründerin des „Mädchenladens" Spandau und der Zeitschrift *Tigermädchen*.	19–30
1987	Wewelsfleth/ Schleswig-Holstein	Tuckermann erhält das *Alfred-Döblin-Stipendium*.	26
1988– 1992	Berlin	Redakteurin beim Kinderfunk des RIAS (heute DeutschlandRadio Berlin).	27–31
1988	München	Der Debütroman *Mooskopf* erscheint.	27
1992– 1997	Berlin	Freiberufliche Redakteurin beim RIAS.	31–36
1992/93	Stuttgart	Stipendium der *Akademie Schloss Solitude*.	31–32
1994	Hamburg/ Berlin	Der Roman *Muscha. Ein Sinti-Kind im Dritten Reich* erscheint. Sie erhält dafür *Das Rote Tuch*.	34
1998/ 1999	Berlin-Hellersdorf	Tuckermann wird Stadtschreiberin des Bezirks Berlin-Hellersdorf.	37–38
1999	Hamburg	*David Tage, Mona Nächte* erscheint. Co-Autor ist Andreas Steinhöfel. 2000 erhalten die Autoren dafür den *Hans-im-Glück-Preis*.	38

---

[1] Beschränkung auf die wichtigsten Veröffentlichungen.

2.1 Biografie

JAHR	ORT	EREIGNIS	ALTER
2000	Zürich Berlin	Publikation des Romans *Die Haut retten*. Tuckermann wird in den Vorstand des Verbands deutscher Schriftsteller aufgenommen (2000–2004).	39
2000	Ravensburg	*Nicht sprechen, nicht schweigen, nicht gehen, nicht bleiben* wird publiziert.	39
2002	Ranis/ Thüringen	Der Roman *Fräulein Moxa* wird veröffentlicht.	40
2005	Würzburg München	*Weggemobbt* und *„Denk nicht, wir bleiben hier!" Die Lebensgeschichte des Sinto Hugo Höllenreiner* erscheinen.	43
2006	Frankfurt	Tuckermann erhält für *„Denk nicht, wir bleiben hier!" [...]* den Deutschen Jugendliteraturpreis.	44
2007	Ankara/ Türkei	Auf Einladung des dortigen Goethe-Instituts wird Tuckermann Stadtschreiberin der türkischen Hauptstadt.	46
2007/ 2008	Feldafing/ Bayern	Stipendium *Künstlerhaus Villa Waldberta*.	46
2008	München	**Mano. Der Junge, der nicht wusste, wo er war erscheint im Hanser Verlag.**	47
2009	Braunschweig Berlin	Tuckermann erhält für *Mano* den *Friedrich-Gerstäcker-Preis*. Ausstellung *Auf dem Sprung* mit Migrantenkindern.	48
2011	Krakau/Polen	Stipendiatin der *Villa Decius*.	50
2014	Magdeburg	Stadtschreiberin in Magdeburg. Sie erhält den *Friedrich-Bödecker-Preis*.	53
2016	Würzburg	*Wir schweigen nicht! Der Weg der Weißen Rose und der Geschwister Scholl in den Widerstand* erscheint.	55
2017	Bielefeld	*Poet in Residence*.	56

2.2 Zeitgeschichtlicher Hintergrund

2.2 Zeitgeschichtlicher Hintergrund

Die Handlung von *Mano. Der Junge, der nicht wusste, wo er war* vollzieht sich in Frankreich 1945–1946. Kurz nach Ende des 2. Weltkriegs herrscht dort ein ausgeprägter Hass auf die Deutschen.

ZUSAMMEN-
FASSUNG

Frankreich nach Ende des 2. Weltkriegs

Zeitgeschichtlicher Hintergrund von Tuckermanns Roman ist der Zeitraum 1945 bis 1946, also die frühe Nachkriegszeit, in Frankreich.

Mit der **Unterzeichnung der bedingungslosen Kapitulation** am 7. Mai 1945 durch den Militär Alfred Jodl war Deutschland auch offiziell am Ende. Die Alliierten richteten sich in den in der Konferenz von Jalta im Februar 1945 vereinbarten Besatzungszonen ein. Eine der Folgen der neuen Politik war die Reduzierung des deutschen Staatsgebietes in die Grenzen von 1937. Die ehemals von Deutschland besetzten Länder waren also befreit und so konnten die überlebenden, aus ihren Heimatländern verschleppten und deportierten Menschen in ihre Heimat zurückkehren. Tausende machten sich auf den Weg und versuchten durch ein am Boden liegendes Deutschland in ihre am Boden liegende Heimat zu gelangen – so auch die Gruppe von Franzosen, zu der **Manos Retterin Élise Carré** (vgl. Roman S. 16 ff.) gehört.

Mai 1945: Deutschland kapituliert

Deportierte Menschen kehren in die Heimat zurück

Nach dem Wüten der Deutschen in den von ihnen besetzten Ländern (vgl. auch Kapitel 5 Materialien, S. 119) bedurften diese einer Neuorganisation und eines wirtschaftlichen Wiederaufbaus, so auch Frankreich. Als Charles de Gaulle nach der Befreiung von Paris im August 1944 die Regierungsgeschäfte übernahm,

2.2 Zeitgeschichtlicher Hintergrund

sah er sich mit den Resten der *Grand Nation* konfrontiert. Nahezu 400.000 Menschen[2] waren umgekommen, über die Hälfte davon waren Zivilisten. Außerhalb Frankreichs waren 150.000 Franzosen umgebracht worden. Zu ihnen gehörten Juden, Kriegsgefangene, Kommunisten und Zwangsarbeiter. Die Infrastruktur Frankreichs war zerstört, nur noch zehn Prozent des französischen Schienennetzes waren intakt. Die Verteilung der zum Überleben notwendigen Güter konnte nicht gewährleistet werden – die Menschen, Erwachsene und Kinder, hungerten. Auf dem Schwarzmarkt verkaufte Lebensmittel waren für viele Franzosen unerschwinglich. Lange Zeit gab es Lebensmittelkarten (vgl. im Roman die Beschaffung von Lebensmittelkarten für Mano).

Zerstörtes Frankreich: Hass auf die Deutschen

Den Deutschen schlug blanker Hass entgegen, die Verhältnisse kehrten sich um: Aus deutschen Kriegsgefangenen wurden Zwangsarbeiter, die beispielsweise bei der Wiederherstellung der Infrastruktur zu helfen hatten und die schlecht behandelt wurden. Tuckermann erzählt davon, indem sie wütende Franzosen ihre Nachttöpfe über einem Zug gefangener Wehrmachtssoldaten leeren lässt (S. 54). Außerdem berichtet ein ehemaliger Résistancekämpfer über zahlreiche deutsche Kriegsgefangene, die auf den Höfen als Knechte arbeiten müssen (S. 202). Angehörige der Résistance[3] fackelten oft nicht lange: Fielen ihnen deutsche Soldaten oder Mitglieder von Gestapo und SS in die Hände, brachten sie sie um. Kollaborateure[4] wurden gejagt und häufig genug getötet, von 8.775 ermordeten Kollaborateuren ist die Rede.[5] Der Hass traf

---

[2] Vgl. auch http://www.bpb.de/apuz/204280/kriegsende-in-frankreich?p=all
[3] Französische Widerstandsbewegung.
[4] Kollaborateur: jemand, der mit den Besatzern gegen die Interessen des eigenen Landes zusammenarbeitet.
[5] http://lernen-aus-der-geschichte.de/Lernen-und-Lehren/content/9095

2.2 Zeitgeschichtlicher Hintergrund

auch Französinnen, die mit Deutschen liiert gewesen waren. Ihnen schor man die Haare:

Vgl. Bild S. 14

„Das Kahlscheren ist ein öffentliches Rache- und Erniedrigungsritual, das überall in Frankreich stattfindet bei der Befreiung 1944/45, in grossen und kleinen Städten und in vielen kleinen Dörfern. Es richtet sich fast ausschliesslich gegen Frauen, nach einer Schätzung waren etwa 20'000 betroffen."[6]

Im Roman treffen Paul und Mano bei einem Spaziergang auf eine kahlrasierte Frau, von der Paul erzählt, dass sie die Geliebte eines Deutschen gewesen war (S. 108).

In dieses die Deutschen hassende Land kommt Mano. Nicht umsonst schärft seine Retterin Élise Carré ihm auf dem Weg nach Frankreich ein, seine deutsche Herkunft zu verschweigen (S. 19).

Mano verschweigt seine deutsche Herkunft

Jugendbücher zum Thema

Zahlreiche Jugendbücher befassen sich mit der Thematik des 2. Weltkriegs und des Nationalsozialismus. Nachfolgend eine kleine Auswahl:

→ **Das Tagebuch der Anne Frank** von Anne Frank (Original: *Het Achterhuis*, 1947) in Deutschland erstmals 1950 veröffentlicht. Die 13-jährige Jüdin Anne Frank schildert ihr Leben in ihrem Versteck von 1942 bis zu ihrer Entdeckung und Deportation ins KZ Bergen-Belsen 1944.

---

6 https://www.nzz.ch/international/die-befreiung-beginnt-mit-einer-hexenjagd-frankreichs-geschorene-frauen-ld.1305283

2.2 Zeitgeschichtlicher Hintergrund

Französischen Frauen, die mit Deutschen kooperiert hatten, wurden die Haare geschoren.
© picture alliance / MAXPPP

→ **Als Hitler das rosa Kaninchen stahl** von Judith Kerr (Original: *When Hitler Stole Pink Rabbit*, 1971) in Deutschland 1973 erschienen. Erzählt wird der Existenzkampf der neun Jahre alten Anna, Kind einer jüdischen Intellektuellenfamilie, die kurz vor den Reichstagswahlen 1933 in die Schweiz und von dort aus nach Paris flieht.

→ **Die Bücherdiebin von Markus Zusak**, (Original: *The Book Thief*, 2005), erschienen in deutscher Übersetzung 2008. Erzählt wird die Geschichte der neunjährigen Liesel Meminger, die 1939 bei bayrischen Pflegeeltern untergebracht wird, wo sie den Krieg

2.2 Zeitgeschichtlicher Hintergrund

erlebt. Dessen Grauen bewältigt sie mit Lesen von Büchern, die sie stiehlt.

→ *Der Junge im gestreiften Pyjama* von John Boyne (Original: *The Boy in the Striped Pyjamas*, 2006), veröffentlicht auf Deutsch 2007. Der neunjährige Bruno wächst als Sohn eines KZ-Kommandanten in Auschwitz auf. Bei dem Versuch, einem inhaftierten Jungen bei der Suche nach seinem Vater zu helfen, kommt er ums Leben.

2.3 Angaben und Erläuterungen zu wesentlichen Werken

ZUSAMMENFASSUNG

Anja Tuckermann hat eine Vielzahl an Romanen, Kinderbüchern, Librettos und Bühnenstücken verfasst. Nachfolgend eine Auswahl, in der es häufig um Selbstbehauptung als Folge von Gewalt und um Extremsituationen und unkonventionelle Liebesgeschichten geht. Einige ihrer Romane behandeln die NS- und Nachkriegszeit.

Geschichte des Sinti-Jungen Josef „Muscha" Müller

Anja Tuckermann debütierte 1988 mit dem Roman *Mooskopf*. Mit dem Roman *Muscha. Ein Sinti-Kind im Dritten Reich*, der 1994 erscheint, thematisiert Tuckermann die **Verfolgung der Sinti und Roma** im nationalsozialistischen Deutschland. Sie erzählt die auf Tatsachen beruhende Geschichte des Jungen Josef „Muscha" Müller. Der 1932 geborene Sinto wächst bei Pflegeeltern auf, die Hitler-Gegner sind. In der Schule wird das Kind von Lehrern und Schülern gleichermaßen gequält. Ihn zu schützen, wird für die Pflegeeltern immer schwieriger. 1944 holt ihn die Gestapo aus der Schule und bringt ihn in eine Klinik, wo er sterilisiert wird. Um ihn vor der Ermordung zu bewahren, verstecken ihn die Pflegeeltern und schaffen es mit Hilfe von Freunden aus dem Widerstand, ihn zu versorgen und so zu retten.[7] Dieses Geschehen schildert Tuckermann in ihrem Roman, für den sie *Das Rote Tuch*, den Jugendmedienpreis der SPD Berlin-Charlottenburg, erhält.

---

[7] Siehe *Wir haben doch nichts getan... – Der Völkermord an den Sinti und Roma.* https://www.youtube.com/watch?v=kkY5Ja2drlk

2.3 Angaben und Erläuterungen zu wesentlichen Werken

David Tage, Mona Nächte[8] von 1999 ist eine **Liebesgeschichte, gestaltet als Briefroman**. David und Mona, beide 16 Jahre alt, begegnen sich auf dem Berliner Kurfürstendamm. Sie interessieren sich füreinander und Mona initiiert einen Briefwechsel. Zunächst schreiben sie über alltägliche Dinge, doch allmählich wird die Korrespondenz vertrauter und intimer und sie verlieben sich ineinander und werden ein Paar. Anja Tuckermann wurde für dieses Buch 2000 mit dem *Hans-im-Glück-Preis* ausgezeichnet.

David Tage, Mona Nächte

Auch *Die Haut retten*, erschienen 2000, ist eine **Liebesgeschichte** mit Schauplatz Berlin. Die Journalistin und alleinerziehende Mutter Karla nimmt den amerikanischen Musiker Joschi, der Jude ist, als Untermieter bei sich auf. Beide verlieben sich ineinander, doch die Beziehung ist nicht einfach. So missbilligen seine Eltern, dass er in Deutschland lebt und arbeitet, das für sie das Land der Mörder ist.

Die Haut retten

Der Roman *Fräulein Moxa*, der im Jahr 2002 publiziert wurde, ist die **Geschichte einer Frau**, die sich von keinen Konventionen einschränken lässt. Sie ist Mutter von fünf Kindern und erfreut sich diverser Liebhaber.

Fräulein Moxa

Nicht sprechen, nicht schweigen, nicht gehen, nicht bleiben von 2003 thematisiert das Thema Vergewaltigung. Protagonistin ist die junge Rinka. Sie ist vergewaltigt worden und hat nur noch Angst. Sie lernt, darüber zu sprechen, und Schritt für Schritt bekommt sie wieder ein Gefühl für sich selbst. Neben der psychischen Verarbeitung der an ihr begangenen **Gewalttat** absolviert sie ein Karatetraining, um sich auch physisch behaupten zu können.

Nicht sprechen, nicht schweigen, nicht gehen, nicht bleiben

Um **Selbstbehauptung** geht es auch in dem Jugendroman *Weggemobbt* von 2005. Philip wird in der Schule von seiner Mitschülerin Dorita und ihrer Clique gemobbt. Die Situation scheint aussichts-

Weggemobbt

---
8 Co-Autor: Andreas Steinhöfel.

2.3 Angaben und Erläuterungen zu wesentlichen Werken

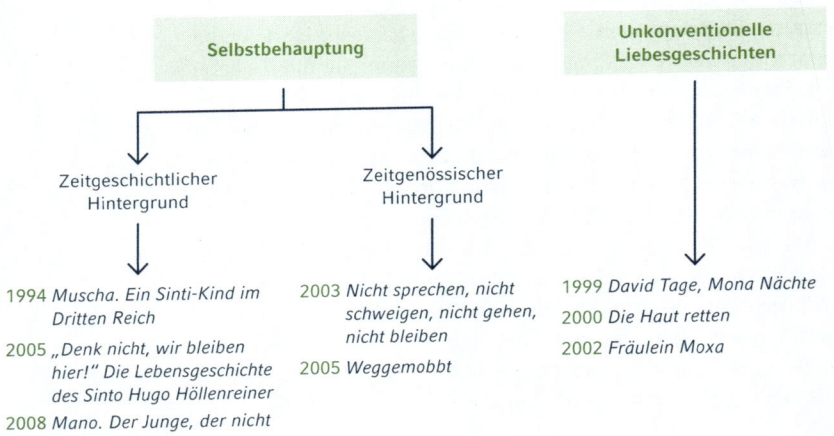

"Denk nicht, wir bleiben hier!" [...]

los, da auch Eltern und Lehrer nicht in der Lage sind, Dorita in ihre Schranken zu weisen. Schließlich gelingt es der neuen Mitschülerin Aster, die ein Flüchtling ist, den Konflikt zu lösen.

Mit „Denk nicht, wir bleiben hier!" *Die Lebensgeschichte des Sinto Hugo Höllenreiner* von 2005 kehrt Tuckermann thematisch zu den **Sinti und Roma** zurück. Sie erzählt vom Leben des Sinto Hugo Höllenreiner zur Zeit des deutschen Nationalsozialismus, womit der Roman nicht nur biografisch ist, sondern auch ein Stück Zeitgeschichte darstellt. Der 2015 verstorbene Hugo Höllenreiner wurde als Neunjähriger nach Auschwitz deportiert, wo er und sein Bruder von Josef Mengele[9] gefoltert wurden. Weitere Stationen sei-

---

[9] Josef Mengele (1911–1979): Mediziner, der im KZ brutale rassistische Experimente durchführte und nach dem Krieg als Kriegsverbrecher gesucht wurde. Vgl. auch Kapitel 5. Materialien, Sinti und Roma und ihre Verfolgung und Ermordung durch die Nationalsozialisten.

2.3 Angaben und Erläuterungen zu wesentlichen Werken

nes Leidensweges waren Ravensbrück, Mauthausen und Bergen-Belsen. Höllenreiner erzählte Anja Tuckermann von seinen Erlebnissen, die dann die Grundlage des Romans wurden.[10] Auch *Mano. Der Junge, der nicht wusste, wo er war* von 2008 greift den **Umgang der Nationalsozialisten mit Sinti und Roma** im Allgemeinen und die schockierenden Erlebnisse eines Sinto-Kindes im Besonderen auf. 2009 wurde Tuckermann für diesen Roman mit dem *Friedrich-Gerstäcker-Preis* ausgezeichnet.

Mano. Der Junge, der nicht wusste, wo er war

---

10 Siehe „Wir haben doch nichts getan ..." – Der Völkermord an den Sinti und Roma. https://www.youtube.com/watch?v=kkY5Ja2drlk

3. TEXTANALYSE UND -INTERPRETATION

3.1 Entstehung und Quellen

ZUSAMMEN-
FASSUNG

Anja Tuckermann interessiert sich für das Schicksal von Sinti und Roma im nationalsozialistischen Deutschland und schrieb zuerst ein Buch über Hugo Höllenreiner[11] (vgl. Kapitel 2.3). Dabei lernte sie dessen Cousin Hermann „Mano" Höllenreiner kennen. In persönlichen Gesprächen sowie mit Zeitzeugen und unter Hinzuziehung von Archivmaterial konnte Tuckermann den Roman *Mano. Der Junge, der nicht wusste, wo er war* konzipieren und 2007 schließlich schreiben.

→ 2008: Erstveröffentlichung im Hanser Verlag, München
→ 2015: Publikation als Taschenbuch im KLAK Verlag, Berlin

Interesse am
Schicksal von
Sinti und Roma

Anja Tuckermann interessiert sich für das Schicksal von Sinti und Roma im nationalsozialistischen Deutschland. Aus diesem Interesse heraus entstand schon 1994 der Roman **Muscha. Ein Sinti-Kind im Dritten Reich** (1994). Als Tuckermann Hugo Höllenreiner kennenlernte und daraufhin den Roman *„Denk nicht, wir bleiben hier!" Die Lebensgeschichte des Sinto Hugo Höllenreiner* verfasste, begegnete sie auch dessen Cousin Hermann bzw. Franz-Josef Höllenreiner[12]. Als Hugo Höllenreiner 2003 mit der Autorin nach Auschwitz fuhr, schloss sich Hermann „Mano" Höllenreiner ihnen an. 2006 wurde *„Denk nicht, wir bleiben hier!" Die Lebensgeschichte des Sinto Hugo*

---

[11] *„Denk nicht, wir bleiben hier!"* Die Lebensgeschichte des Sinto Hugo Höllenreiner.
[12] Tuckermann verwendet in ihrem Buch den Namen Franz-Josef Höllenreiner (vgl. auch Suchauftrag S. 326). Diese beschriebene Person ist auch unter dem Namen Hermann Höllenreiner (*1933) bekannt.

3.1 Entstehung und Quellen

„Mano" (links) und Hugo Höllenreiner 2004 im KZ Sachsenhausen.
© picture-alliance / dpa/dpaweb

Höllenreiner mit dem Deutschen Jugendliteraturpreis ausgezeichnet.

Durch diesen Erfolg ermutigt, entschloss sich Tuckermann, auch die **Geschichte von „Mano" Höllenreiner** aufzuschreiben. Sie traf sich mit Höllenreiner, der ihr seine Geschichte erzählte, aus der die Autorin schließlich *Mano. Der Junge, der nicht wusste, wo er war* kreierte.

Tuckermann führte außerdem **Gespräche mit Zeitzeugen**, so mit Höllenreiners Schwester Lili und mit Paul Fouquet. Sie recherchierte u. a. in den **Stadtarchiven** von Neuilly-sur-Seine, Pantin,

Zeitzeugen und Recherchen

3.1 Entstehung und Quellen

Dieppe und Le Havre sowie in den **Archiven der Mahn- und Gedenkstätten** Ravensbrück und Sachsenhausen und im Museum des Todesmarsches im Belower Wald (s. S. 117). Außerdem fand sie für den Roman relevante Informationen beim **Internationalen Suchdienst** Bad Arolsen und beim *New Yorker UN Archives and Records Management*.

Publikation 2008

2007 schrieb Tuckermann in der „Villa Waldberta" (vgl. Kapitel 2.1) *Mano. Der Junge, der nicht wusste, wo er war*. 2008 wurde der Roman im Carl Hanser Verlag, München, publiziert. Tuckermann erhielt dafür den *Friedrich-Gerstäcker-Preis* der Stadt Braunschweig im Jahr 2009. Seit 2015 erscheint der Roman als Softcover-Ausgabe im KLAK Verlag, Berlin.

Manos Therapie

Für Hermann Höllenreiner hatten die Gespräche mit der Autorin eine **therapeutische Wirkung, wie seine Frau Else erzählt**:

> „,Bis vor wenigen Jahren hat er nachts so laut geschrien, dass es unsere Tochter im oberen Stockwerk hören konnte', sagt seine Frau Else und Mano wirft ein: ,Ich hab' immer die SS gesehen, immer.' Manchmal hat er auch Panik bekommen, hat um sich geschlagen. ,Das ist vorbei', sagt er. Seit er begonnen hat, darüber zu sprechen, sind die Albträume weg. Und er will, dass viele seine Geschichte und die der anderen kennen. Das Erinnern, sagt er, ist so wichtig."[13]

---

[13] Angerer, Tina: „*Z 3526" sucht seine Eltern*.http://www.abendzeitung-muenchen.de/inhalt.muenchen-z-3526-sucht-seine-eltern.314920ce-eaab-4f94-aaa1-10a5e1dc7e59.html

3.2 Inhaltsangabe

ZUSAMMENFASSUNG

Im Mai 1945 entkommt der elfjährige deutsche Sinto Franz-Josef „Mano" Höllenreiner nach zwei Jahren Lagerhaft zusammen mit seinen beiden Cousins dem Todesmarsch der Häftlinge des KZs Sachsenhausen. Gemeinsam wollen sie zu Fuß nach München, wo sie ihre Familien anzutreffen hoffen – sofern sie noch am Leben sind, denn auch Manos Eltern und seine Schwester Lili waren interniert. Mano ist zu schwach für den Marsch und am Bein verletzt. Schließlich bricht er zusammen und wird von den Cousins zurückgelassen. Eine Gruppe ehemaliger französischer Häftlinge, unter ihnen Élise Carré, die via Pferdewagen auf dem Heimweg nach Frankreich ist, findet ihn und nimmt Mano mit. Élise kümmert sich um ihn und schärft dem Jungen ein, seine deutsche Herkunft zu verschweigen. In Paris angekommen, lässt Élise Mano bei der Empfangsstation für Gefangene und Deportierte, wo Joséphine Fouquet sich um Mano sorgt. Sie nimmt den hilflosen und schwer traumatisierten Jungen mit nach Hause zu ihrer Familie. Langsam erfährt die Familie Bruchstücke aus Manos Kriegserlebnissen, seine deutsche Herkunft und Hinweise auf seine Familie verschweigt er jedoch aus Angst: Er gibt vor, sein Gedächtnis verloren und die französische Sprache vergessen zu haben. Immer wieder muss er aber an das Schicksal seiner Familie denken. Joséphine bittet Madeleine Marcheix-Thoumyre um Unterstützung, die Mano zur Erholung in ein Ferienlager schickt. Dort kann sich Mano nicht integrieren und schlägt andere Kinder.

3.2 Inhaltsangabe

Wie in einem KZ fühlt sich Mano anschließend in der Kinderpsychiatrie, wo sein Zustand mit Elektroschocks gebessert werden soll. Die Familie Fouquet und Madame Marcheix-Thoumyre initiieren seine vorzeitige Entlassung. Auch in Manos nächster Station, der Jugendeinrichtung in Saint-Maur-des Fossés, einem Waisenhaus, prügelt er sich mit den Kindern. Schließlich möchte das Ehepaar Chassagny Mano adoptieren. Zwischenzeitlich ergeht an die UNRRA[14] ein Suchauftrag von Manos Vater nach Mano – Manos Familie hat überlebt! Auch Madame Marcheix-Thoumyre sucht von Frankreich aus nach Manos Familie. Mano wohnt nun erst einmal bei ihr und lernt hier Menschen kennen, die im Widerstand gekämpft haben und auch interniert waren. Mit den Fouquets hat er nach wie vor engen Kontakt. Das Ehepaar Cassagny organisiert derweil Manos Aufenthalt in Le Havre, wo er zur Vorbereitung für die Kadettenschule beim Ehepaar Odile und Auguste Chevrier eine gute Schulbildung erhalten soll. Nach anfänglichen Schwierigkeiten wird Mano ein guter Schüler und lebt sich bei den Chevriers ein. Mano überwindet seine Angst und gibt immer mehr „Erinnerungen" preis. Im Oktober 1946 verunglücken die Chassagnys tödlich; sowohl die Chevriers als auch Madame Marcheix-Thoumyre würden Mano gerne adoptieren. Derweil werden Manos Eltern gefunden und der Kontakt nach Frankreich wird hergestellt. Am 13. Dezember 1946 kehrt Mano mit anfangs widersprüchlichen Gefühlen zu seiner Familie zurück.

---

14 United Nations Relief and Rehabilitation Administration: Nothilfe- und Wiederaufbauverwaltung der Vereinten Nationen.

3.2 Inhaltsangabe

Mai 1945: Sieben Jungen, zu denen auch Mano gehört, kriechen aus einem Wassergraben auf eine Straße, auf der sie vollkommen erschöpft und frierend liegen bleiben. Um sie herum liegen tote SS-Männer. Zusammen mit russischen Soldaten erreichen sie ein Dorf, wo sich die ausgehungerten Jungen Kartoffeln kochen. Anschließend trennen sie sich und gehen in verschiedene Himmelsrichtungen auseinander: Vier wollen nach München.

Mano hat keine Schuhe, außerdem sind seine Beine und Füße geschwollen und die Schienbeine mit Schnittwunden übersät. Sein Cousin Manfred ist schwer verletzt und kann kaum laufen. Sie bleiben vor Schwäche liegen und erst am nächsten Morgen brechen sie auf. Es ist ein mühsames Vorwärtskommen, außerdem wissen sie nicht, wo sie sind. Sie finden Fahrräder und setzen ihren Weg damit fort. Mano, der nicht Radfahren kann, läuft schließlich immer weiter hinterher. Irgendwann verliert er das Bewusstsein.

Als er wieder zu sich kommt, findet er sich inmitten von Flüchtlingen auf einem Pferdefuhrwerk wieder. Die Menschen unterhalten sich in einer Sprache, die Mano nicht versteht. Eine der Frauen, Élise Carré, befragt Mano nach seiner Herkunft. Mano erinnert sich an die schmerzhafte Trennung von seinem Vater im KZ Sachsenhausen, der zur Einheit Dirlewanger[15] abkommandiert wurde. Mano zeigt die Fotografie seines Vaters in Soldatenuniform: Élise und ein Begleiter reagieren sehr nervös und fordern ihn auf, das Bild zu zerreißen. Doch Mano ist dazu nicht in der Lage. Schließlich nimmt der Mann das Bild und zerreißt es selbst. Élise beschwört Mano, über seine Herkunft zu schweigen – ansonsten könne sie ihn nicht mitnehmen. Mano ist alles egal: Ihn quält Fieber und Élise kümmert sich um ihn. Mit ihrer Hilfe wird er registriert: Élise sagt

Mano und seine Kameraden überleben den Todesmarsch aus dem KZ

Mano wird von Franzosen gerettet

---

15 Sondereinheit der SS unter der Führung von Oskar Dirlewanger, zu der auch Strafgefangene aus dem KZ und sogenannte „Asoziale" herangezogen wurden.

3.2 Inhaltsangabe

Mano gelangt nach Paris

dem Uniformierten, dass Mano wie sie aus Marseille komme und an Amnesie[16] leide (S. 23 f.). Mit Flugzeug und Zug reisen sie schließlich nach Paris.

Wieder müssen sich Élise und Mano registrieren lassen und wieder schärft Élise Mano ein, dass er vorgeben müsse, seine Herkunft vergessen zu haben, und dass er unter keinen Umständen Deutsch sprechen darf. Sie gibt dem Sachbearbeiter die zuvor erhaltenen Unterlagen. Der Mann schaut Mano scharf an und fragt ihn zunächst auf Französisch und dann auf Deutsch nach seiner Herkunft. Mano sieht an ihm vorbei und schweigt. Der Mann gibt Élise die Unterlagen. Mit der Bahn fahren Mano und seine Retterin zu einem Bahnhof am Stadtrand. Eine von zwei Frauen mit Armbinden bietet ihre Hilfe an. Élise berichtet, dass sie Anfang Mai von russischen Truppen aus dem KZ Neustadt-Glewe befreit worden wäre und Mano auf dem Weg nach Hamburg auf der Straße liegend gefunden habe. Sie berichtet weiter, dass sie mit ihm das Stammlager in Versen aufgesucht und ihn nach Frankreich mitgenommen habe. Er habe das Gedächtnis verloren. Sie selbst sei Jüdin und stamme aus Marseille, sagt sie. Von den Frauen erfährt Élise, dass sie sich bei der Empfangsstation für Gefangene und Deportierte melden muss.

Joséphine Fouquet nimmt Mano mit zu sich nach Hause

Dort angekommen erhalten beide Verpflegung und Élise bekommt eine Adresse, wo sie übernachten kann. Mano ist das erste Kind, das in der Empfangsstation eingetroffen ist, und niemand weiß, wo sie ihn lassen sollen. Joséphine Fouquet vom Empfangskomitee registriert ihn und fragt Mano, der angstvoll und in abgerissener Kleidung vor ihr steht, auf Französisch nach seinem Namen. Er antwortet nicht und sie wiederholt die Frage auf Deutsch. Da nennt er seinen Namen und sein Alter. Die Frau fragt ihn, ob er

---

16 Ausfall des Erinnerungsvermögens bezüglich eines bestimmten Zeitraums.

3.2 Inhaltsangabe

Deutscher sei, woraufhin Mano den Kopf schüttelt. Madame Fouquet bemerkt die Angst des Jungen und überredet ihn schließlich, mit ihr nach Hause zu kommen. Dort lernt Mano Madame Fouquets Ehemann Félix und ihren Sohn Paul kennen. Mano wird von Frau Fouquet gebadet. Sie bemerkt seine vielen Verletzungen am Körper. Mano lässt sich vorsichtig ins warme Wasser sinken, beginnt zu weinen und möchte zu seiner Mutter. Frau Fouquet, die nicht weiß, wie sie Mano trösten soll, beginnt ihn zu waschen. Auf einem der Arme bemerkt sie Manos Häftlingsnummer Z–3526 aus Auschwitz. Mano erklärt ihr, dass er auch in Ravensbrück und Sachsenhausen gewesen ist. Dann will er wissen, wo er jetzt ist: Er erfährt, dass er in Pantin bei Paris in Frankreich ist.

_{Mano erfährt, dass er in Frankreich ist}

Die Fouquets und Mano essen. Voller Mitleid schaut die Familie Mano zu, der wie ein ausgehungertes Tier isst. Als Félix Manos Arm festhält, erschreckt sich Mano, steht auf, spült den Teller und bleibt wartend an der Tür stehen. Frau Fouquet fordert ihn auf, sich wieder an den Tisch zu setzen, was Mano auch tut. Die Fouquets überlegen, wer er ist und woher er kommt. Sie beschließen, ihn registrieren zu lassen, damit sie für ihn Lebensmittelkarten bekommen.

Nach dem Essen zeigt Paul Mano, wo er schlafen soll, und gibt ihm einen Schlafanzug. Mano legt sich stattdessen mit seiner Kleidung ins Bett und versucht zu schlafen, was ihm nicht gelingt. Er ruft nach Fifine, wie Madame Fouquet familiär genannt wird, und beklagt sich über die Dunkelheit. Madame Fouquet lässt die Tür offen stehen, so dass Licht ins Zimmer fallen kann. Mano legt sich schließlich zu Paul ins Bett, der ihn am nächsten Morgen schlafend auf dem Bettvorleger findet.

_{Erste Nacht bei den Fouquets}

Madame Fouquet und Mano stehen an der Empfangsstation und treffen wieder auf Élise. Als Élise gehen will, möchte Mano sich ihr anschließen. Élise sagt ihm, dass er bei den Fouquets bleiben soll.

_{Mano bleibt bei den Fouquets}

3.2 Inhaltsangabe

Madame Fouquet fragt Mano nach seiner Familie. Er antwortet: „Ich habe alles vergessen. Ich weiß nur Mano" (S. 37).

Zeitzeugin Joséphine Fouquet

Bericht Fifine *(S. 38 f.): Sie bedauert, dass ihr Sohn Paul kein Deutsch in der Schule gelernt hat, und berichtet von dem erbärmlichen Zustand ihres Neffen André nach seiner Befreiung aus dem KZ Buchenwald. Fifine erzählt von ihrem vierjährigen Zwangsaufenthalt in Paris, nachdem der 1. Weltkrieg ausgebrochen war.*

Albträume

Madame Fouquet besucht mit Mano den Arzt Dr. Outzeko, der bei dem Jungen Hungerödeme[17] und Vitaminmangel diagnostiziert. Der Arzt fragt Mano, woher er komme. Mano schreit und will aus dem Zimmer laufen. Der Arzt beruhigt ihn, versorgt seine Wunden und sagt ihm, dass er selbst Jude sei. Zu Hause angekommen, legt sich Mano in Pauls Bett und schläft. Am Nachmittag erwacht er, legt sich auf den Boden vor das Bett und schläft weiter. Nur zum Essen steht er auf. In der Nacht hat er furchtbare Albträume und am Morgen liegt er wieder auf dem Fußboden. Als Fifine das Zimmer betritt, springt er erschrocken blitzschnell auf, nimmt Haltung an. Dann legt er sich wieder hin und schläft weiter: tagelang. Dr. Outzeko kommt fast jeden Tag, um nach Mano zu sehen.

Mano liebt Tiere

Mano isst immer noch gehetzt wie ein Tier, den von Madame Fouquet hingehaltenen Löffel schlägt er weg (S. 42). Die Fouquets haben Geduld mit ihm und sorgen sich aufopfernd. Zusammen mit Paul füttert Mano das Kaninchen, das die Fouquets in ihrer Wohnung halten, um es später zu essen. Mano möchte von Fifine wissen, ob Dr. Outzeko auch im Lager gewesen sei, was sie verneint: Der aus Russland stammende Arzt sei vier Jahre auf einem Dachboden

---

17 Ödem: Wassereinlagerungen im Gewebe.

3.2 Inhaltsangabe

versteckt worden. Nachts bessern sich Manos schlimme Albträume nicht. Mano lernt Lucienne Knepper, Fifines Schwägerin, kennen. Mano ist hingerissen von ihr und findet sie so schön wie seine eigene Mutter. Die Frauen unterhalten sich, während Mano Vögel beobachtet und schließlich einschläft. Auf dem Rückweg begegnen Mano und Madame Fouquet einem Mann mit einem Hund, den Mano vergeblich streicheln möchte.

Mano schläft jede Nacht zusammen mit Paul in dessen Bett, morgens liegt er vor dem Bett und schläft oft bis mittags, wenn Paul schon wieder aus der Schule kommt. Zusammen mit Madame Fouquet erhält Mano von den Behörden Geld und Bezugsscheine für Lebensmittel und Kleidung, Tabak und Fahrscheine für die Métro. Mano denkt, dass er jetzt jeden Tag hier zu essen bekommt, und beschließt, bei den Fouquets zu bleiben. Auf dem Rückweg von den Behördengängen nach Hause machen sie spielerische Sprachübungen. Zu Hause angekommen läuft Mano zu Félix Fouquet, wiederholt, was er gelernt hat, beantwortet eine Frage auf Französisch und lacht zum ersten Mal. Mit Félix übt er mit viel Witz französische Vokabeln.

Mano wendet sich den Fouquets zu

Mano sucht vor allem Pauls Nähe. Als Paul einmal ein selbstgefertigtes Lot mit nach Hause bringt, kommt die Sprache auf die Schule, die Mano besuchen könnte: Mano aber schüttelt den Kopf (S. 49). Paul nimmt Mano überallhin mit. Auf der Straße schaut sich Mano die Menschen genau an und oft läuft er einigen von ihnen hinterher. Wenn er bemerkt, dass dieser Mensch ihm doch unbekannt ist, verliert er die Orientierung.

Mano ist Pauls „kleiner Bruder"

Beim gemeinsamen Familien-Spaziergang genießen alle die blühenden Landschaften. Mano hat beim Gehen noch starke Schmerzen. Er erzählt auf Nachfrage von Fifine Kleinigkeiten aus seiner Vergangenheit, unter anderem, dass er von seiner Mutter wegen nasser Schuhe geschimpft wurde – Mano verstummt trau-

3.2 Inhaltsangabe

rig. Fifine fotografiert ihn zusammen mit Paul und Mano pflückt einen Blumenstrauß für sie. Mano ist gerne bei Paul, muss aber auch an seine Cousins denken (S. 52).

Mano liebt die Natur

Nach wie vor legt sich Mano nach dem Essen hin, um zu schlafen. Völlig aufgelöst ist er, als er sich einmal nach dem Aufwachen allein in der Wohnung wiederfindet. Madame Fouquet, die beim Einkaufen war, beruhigt ihn und verspricht, dass er bei ihnen bleiben wird.

Mano erzählt von seinem Todesmarsch

Inzwischen geht Mano im Schlafanzug zu Bett. Nach dem Waschen sind seine Fußsohlen immer noch schwarz, und als Fifine nachfragt, erzählt er ihr von seinen Erlebnissen auf dem Todesmarsch (S. 53).

Mano erlebt den Hass auf die Deutschen

Von der Straße dringt Geschrei in die Wohnung der Fouquets, und als sie das Fenster öffnen, sehen sie schmutzige müde deutsche Wehrmachtssoldaten die Straße entlangziehen. Die an der Straße stehenden Franzosen beschimpfen, bespucken und schlagen die Männer. Auch Fifine und Félix beschimpfen die Männer aus dem Fenster. Bewohner der oberen Etagen leeren ihre Nachttöpfe über den Deutschen aus. Auch Mano beginnt die Deutschen zu beschimpfen (S. 54).

Mano will seine Herkunft verschweigen

Die Familie und Mano sind auf dem Weg zu Pauls Großmutter. Mano möchte die Wörter übersetzt haben, mit denen die Deutschen beschimpft worden waren (S. 55). Er hat Angst vor den Reaktionen der Fouquets, wenn sie erfahren, dass er Deutscher ist: „darf niemals sagen wer ich bin" (S. 55).

Paul Fouquet als Zeitzeuge

***Bericht Paul** (S. 56 f.): Im Sommer 1944 kommt die Familie Fouquet aus dem Garten mit einer Schubkarre voller Gemüse. Ein deutscher Soldat, so alt wie Paul, hält sie an, richtet seine Maschinenpistole auf sie und beschuldigt sie der Spionage. Paul rechnet mit ihrer Erschießung. Die Deutsch sprechende Fifine erwidert, dass sie keine*

3.2 Inhaltsangabe

Spione seien, und rettet ihnen so das Leben. Denn der Soldat tritt daraufhin die Karre um, dreht sich um und läuft weg.

Die Verwandten der Fouquets lernen Mano kennen und alle bedauern sie ihn. Mano wiederum macht Bekanntschaft mit André, der das KZ Buchenwald überlebt hat. Auch er klagt über die vielen Toten, die er gesehen hat. — Verschwiegenes Grauen

Mano zeigt noch Zeichen fundamentaler Verstörung: Klopft es an der Tür, versteckt er sich in Pauls Zimmer. Nach dem Essen springt er nervös auf und schaut aus dem Fenster. Beim Spazierengehen hält Madame Fouquet Mano fest an der Hand, um ihn zu beruhigen. Sie zeigt ihm Tiere und Blumen. Von Félix lernt Mano das Mühlespiel.

Madame Fouquet sucht den Hilfsdienst für Deportierte in Paris auf und bittet dessen Leiterin, Madeleine Marcheix-Thoumyre, um Unterstützung bei der Recherche nach der Herkunft des Jungen. Madame Marcheix-Thoumyre will mit der Suche nach der Herkunft des Jungen zunächst noch warten und hofft auf eine Rückkehr seines Gedächtnisses. Madame Marcheix-Thoumyre verspricht, eine Schule für Mano zu suchen, und schlägt vor, ihn zur Erholung in ein Ferienlager zu schicken. Zu Hause zeigt Mano Fifine gegenüber ein aggressives Verhalten und knallt mit den Türen, was sie sich verbittet. — Madeleine Marcheix-Thoumyre verspricht Hilfe

Das Ehepaar Fouquet eröffnet Mano, dass er in den Sommerferien für einen Monat mit anderen Kindern aufs Land fahren soll. Mano erleidet einen Tobsuchtsanfall und brüllt, dass er zu seiner Mutter will. Dann beginnt er entsetzlich zu weinen. Schließlich erzählt er, dass er gesehen habe, wie seine Mutter zusammen mit seiner Schwester zu der Gaskammer im KZ gebracht worden sei. Félix und Fifine sind entsetzt und lenken Mano mit Erfolg ab. — Mano soll in ein Ferienlager

Schließlich fährt Madame Marcheix-Thoumyre Mano, der der Familie Fouquet den Aufenthalt im Ferienlager übelnimmt, aufs — Mano fühlt sich im Ferienlager allein

3.2 Inhaltsangabe

Land. Mano wird alles gezeigt, aber er zeigt sich unbeteiligt. Ein junger Mann mit Namen François ist bei ihm, als sich Madame Marcheix-Thoumyre verabschiedet. Mano fragt sich, ob ihn niemand will und warum er überhaupt leben soll (S. 65). François stellt ihm andere Kinder vor und zeigt ihm die Pferde. Bei den Pferden angekommen fällt alle Anspannung von Mano ab: Er lächelt und scheint in einer anderen Welt zu sein. Mit den Kindern im Ferienlager, die ihn natürlich schnell für einen Deutschen halten, hat er aber seine Schwierigkeiten: Er tritt nach ihnen, als sie ihn beleidigen.

Mano uriniert aus Angst aus dem Fenster

Am Abend kann Mano erst nicht einschlafen. Als er nachts erwacht, muss er zur Toilette und kann sich nicht überwinden, in den Gang zur Toilette zu treten. Schließlich uriniert er aus einem Fenster. Dann geht er wieder zu Bett und horcht angstvoll, ob sich im Gang etwas rührt. Am nächsten Morgen erkundet Mano die Umgebung des Hofes. Er findet einen Obstgarten, klettert auf einen Baum und isst Obst. François holt ihn mit zwei Kindern ab und sie spielen Völkerball. François stellt Mano Tage später zur Rede, warum er aus dem Fenster pinkelt, und Mano gesteht seine Angst. François beruhigt ihn und zeigt ihm den Gang und die Toiletten. Mano denkt an die Verhältnisse im Lager und daran, dass die erschossen wurden, die die Baracke verließen. Nachts versucht Mano, seinen Harndrang zu beherrschen, doch er schafft es nicht immer und uriniert weiter aus dem Fenster. Ihn quälen Bilder von einem Mann, der zusammen mit seinem Sohn auf dem Todesmarsch erschossen wurde. Mano sehnt sich nach Paul.

Beginn der Freundschaft mit Claude

Mano zieht sich in der Regel in ein abgeschiedenes Erlenwäldchen zurück. Dort sitzt er so lange, bis jemand nach ihm sucht und ihn findet. Vor dem Frühstück geht Mano oft in den Kuhstall und schaut der Köchin Camille beim Melken zu. Bei den Tieren kommt er zur Ruhe. Nach wie vor schlingt er sein Essen herunter, steht dann auf und beobachtet die Kinder. Er hat Angst vor ihnen,

3.2 Inhaltsangabe

weil sie die Deutschen hassen. Einige der Kinder machen hämische Bemerkungen über ihn. Mano reagiert darauf, indem er die Kinder niederschlägt und auf sie eintritt. Die Kinder beginnen ihn zu fürchten und zu meiden. Sie nennen ihn den „Boche"[18] (S. 71), was François zu Ohren kommt, der es verbietet. Mit Claude prügelt sich Mano zweimal. Schließlich folgt ihm Claude nach dem Essen und sie bauen gemeinsam freundschaftlich einen Staudamm (S. 72). Auch bei Tag traut sich Mano nicht auf die Toilette und verrichtet seine Notdurft stattdessen im Garten.

Mano wird zu einer älteren Frau gebracht, die Deutsch spricht. Mano reagiert uninteressiert. Sie fragt ihn, warum er nicht in die Toilette pinkle, und Mano antwortet, dass er Angst habe, dass dort ein SS-Mann stehe. Die Frau sagt, dass es die SS nicht mehr gebe und Deutschland den Krieg verloren habe. Mano verweist auf das dort brennende Licht und dass der SS-Mann ihn sehen könnte. Dann läuft er davon (S. 73 f.). Mano wirft sich im Erlenwäldchen zu Boden und ruft nach seiner Mutter, wobei er furchtbar weint. Als er sich etwas beruhigt hat, beobachtet er eine Ameise. Wieder beginnt er zu weinen und sich Gedanken um seine Mutter und Schwester zu machen – bis François kommt und mit ihm zu den Pferden geht.

Angst vor der SS und Sehnsucht nach der Familie

Die Kinder und ihre Betreuer machen eine Wanderung in die Gemeinde Cernay-la-Ville. Mano denkt an den Todesmarsch und daran, dass Zurückbleibende von der SS einfach erschossen wurden und dass er seinen schweren Mantel nicht weggeworfen hat, weil Schnee lag (S. 76). Als die Ferienkinder wieder zurück auf den Hof kommen, legt sich Mano allein ins Laub und schaut in den Himmel. Wieder denkt er an seine Mutter und weint. Plötzlich beginnt neben ihm eine Amsel zu singen. Mano hält Zwiesprache mit der

Mano erzählt einer Amsel von seiner Not

---

18 Abwertender Begriff für Deutsche, entstanden während der deutschen Besatzung.

3.2 Inhaltsangabe

Mano erinnert sich an alles

Amsel und klagt ihr seinen Kummer. Er erzählt dem Tier, dass er sich inzwischen an alles erinnern könne, aber Angst habe, dass die Franzosen ihn töten, wenn sie erfahren, dass er ein Deutscher sei. Er will nach Hause und fühlt sich gefangen. Kinder nähern sich ihm, unter ihnen ist Claude. Sie bemerken, dass er geweint hat, und nehmen ihn mit zum Spielen.

Es ist der **14. Juli 1945**, Frankreich feiert den ersten Nationalfeiertag nach dem Krieg. Am Nachmittag fahren die Kinder mit einer Kutsche in die Stadt, wo Musik spielt und Menschen in Holzpantoffeln tanzen, die Mano abfällig kommentiert. Es findet ein Fußballspiel statt zwischen Kindern vom weißen Hof, wie das Ferienlager genannt wird, und Kindern aus der Stadt. Mano schießt ein Tor und wird dafür gefeiert. Die Kinder vom weißen Hof gewinnen 9:8.

Mano will sich François öffnen, traut sich aber nicht

Nach wie vor zieht sich Mano auf seinen Platz hinter dem Haus zurück. Dort weint er und hält Zwiesprache mit der Amsel. Mano besteht nur noch aus Angst und die Angst macht ihn aggressiv. Der Amsel erzählt er, dass er in der Nacht immer noch Angst habe vor einem SS-Mann, der ihn erschieße, wenn er das Zimmer verlasse. Wenn Mano mit dem Vogel redet, sitzt dieser ganz still und beginnt zu singen. Mano überlegt, ob er den Menschen vom weißen Hof sagen soll, wer er ist, woher er kommt und dass er nach Hause möchte. Entschlossen geht er zu François und erzählt es aus Angst dann doch nicht.

Wieder überkommt ihn die Angst

Eines Tages begleitet Mano den Bauern mit der Kutsche beim Kartoffelholen, Mano darf die Tiere lenken. Auf dem Rückweg hält Mano wieder die Zügel und wird vom Bauern dafür gelobt. Mano überlegt, ob er sich dem Bauern offenbaren soll. Er kommt nicht dazu, denn er wird schon erwartet und ausgeschimpft, da er wieder seine Notdurft im Garten verrichtet hatte. Immer wieder erzählt Mano der Amsel von seinem Kummer und seinen schrecklichen Erlebnissen im Lager. Er erzählt von seiner Angst, als Deutscher

3.2 Inhaltsangabe

erkannt zu werden, und weint um seine Mutter. Er erinnert sich an einen 16-jährigen Jungen in Sachsenhausen, der eine Ratte gefangen hatte und von einem SS-Mann gezwungen wurde, in die Ratte zu beißen. Der SS-Mann erschoss den Jungen.
Fifine und Paul Fouquet besuchen Mano. Die Wiedersehensfreude ist groß und Mano zeigt ihnen den Hof und die Tiere. Schließlich laufen sie gemeinsam um den See und Mano erzählt auf Französisch von seinen Erlebnissen. Mano möchte zu den Fouquets zurückkehren, doch Frau Fouquet vertröstet ihn. Immerhin solle er noch Französisch für die Schule lernen, doch davon will Mano nichts wissen. Aber Paul erwidert, dass er einen Beruf erlernen müsse. Am späten Nachmittag verabschieden sich die beiden Fouquets von Mano. Ihm fällt der Abschied schwer. Nachdem die Fouquets aufgebrochen sind, geht Mano mit François in den Garten, um für Camille Kräuter zu schneiden. François sagt, dass die Fouquets sehr nette Leute seien und ihn sehr gern hätten. Mano reagiert darauf mit einem Wutanfall und läuft zu den Erlen, wo die Amsel sitzt und singt.

Besuch von Tante Fifine und Paul

Im August erscheint Madame Marcheix-Thoumyre und holt Mano ab. Er verabschiedet sich und will auch der Amsel Lebewohl sagen, die ist jedoch nicht zu sehen. Er ruft nach ihr, erzählt ihr von seinem „Abtransport" (S. 95). Er dreht sich um und geht, da erscheint die Amsel, beginnt zu singen und schaut ihm nach. Madame Marcheix-Thoumyre befragt Mano nach seiner Familie. Mano erzählt, dass er seine Mutter und seine Schwester zuletzt in Ravensbrück gesehen habe und seinen Vater in Sachsenhausen. Von dort sei der Vater fortgebracht worden, wie er später auch. Er bestätigt, dass er in Auschwitz gewesen war, seinen Nachnamen kenne er nicht. Seine Schwester habe mit Vornamen Lili geheißen, sagt er. Madame Marcheix-Thoumyre bringt ihn zu den Fouquets zurück, was Mano sehr freut.

Abschied vom weißen Hof

3.2 Inhaltsangabe

Interesse an Vögeln	Mano beobachtet nun verstärkt Vögel und spricht mit ihnen. Paul schenkt ihm daraufhin sein Fernglas. Mano freut sich sehr – und verkauft es dann einem Jungen, damit er Fifine das Geld für Essenseinkäufe geben kann. Fifine versteht diese Handlung nicht und auch Paul schüttelt den Kopf darüber.
Mano lernt schwimmen	Paul hat nun Ferien und verbringt seine Zeit oft im Schwimmbad bei seinen Freunden. Auch Mano nimmt er häufig mit, der sich gut mit Pauls Freunden versteht und gern mit ihnen boxen würde wie Max Schmeling. Schließlich will Paul Mano das Schwimmen beibringen, bittet dann aber seinen Schwimmlehrer, Mano zu unterrichten.
	Wenn Madame Fouquet vormittags arbeiten muss, bringt sie Mano in den Kinderhort. Dort hat er Probleme mit den Kindern, die ihn provozieren. Immer wieder schlägt er sich dann mit ihnen und tritt noch, wenn eines schon am Boden liegt. Fifine muss ihn dann abholen und ist sehr ärgerlich darüber: „Warum trittst du noch, wenn ein Kind am Boden liegt und sich nicht wehren kann? Willst du es umbringen?" (S. 101) Nach einer erneuten Prügelei muss Mano zu Hause in sein Zimmer gehen, während Fifine kocht. Nach einiger Zeit geht er zu ihr und erzählt, dass die SS die Menschen, die nicht mehr aufstehen konnten, mit Tritten getötet hatte. Er entschuldigt sich bei Fifine.
Schrecken in der Stadt	Mano ist wieder so schreckhaft wie vor seinem Aufenthalt im weißen Hof. In der Natur fühlt er sich sicher, unter Menschen aber nicht.
Mano ist Analphabet	Nach den Vorfällen im Kinderhort kommt Mano jetzt an den Vormittagen zu Lucienne und André Knepper. Onkel André schenkt ihm ein Briefmarkenalbum und führt ihn in die Philatelie[19] ein. Dabei

---

19 Briefmarkenkunde.

3.2 Inhaltsangabe

Hitler-Jungen beim Boxen: Der Boxer Max Schmeling wurde von den Nazis für Propaganda missbraucht.
© ullstein bild

3.2 Inhaltsangabe

stellt sich heraus, dass Mano nicht lesen kann. In die Schule möchte er nicht gehen. Als André Knepper ihm sagt, dass er in die Schule gehen müsse, da er sonst keine Briefe lesen könne, erwidert Mano wütend, dass er keine Briefe bekomme.

Mano steht auf der Straße, um ihn herum spielen Kinder. Mano sagt etwas auf Deutsch und ein älterer Junge beschimpft und schubst Mano. Félix Fouquet sieht das und greift klärend ein: Der Junge muss sich bei Mano entschuldigen. In der Wohnung trainiert Mano immer wieder das Boxen, sein Vorbild ist Max Schmeling.

Angst vor Deportation

Die Familien Fouquet und Knepper machen mit Mano häufig diverse Ausflüge. Sie besuchen den Zoo, sie zeigen Mano Paris, wo sie die Kathedrale Notre-Dame besuchen. Mano lebt nach wie vor im Zwiespalt: Sagt er nichts über seine Herkunft, muss er in Frankreich bleiben, was er nicht will. Oft unternimmt er Versuche, Fifine davon zu erzählen, doch er schafft es nicht. Nach wie vor hat er Angst, weggeschickt zu werden, wenn er sagt, dass er Deutscher sei – und dann allein dort zu sterben (S. 107).

Erneuter Tobsuchtsanfall

Mano und Paul treffen bei einem Spaziergang auf eine kahlrasierte Frau. Paul erklärt Mano, dass sie die Geliebte eines Deutschen gewesen wäre, weshalb man ihr die Haare geschoren habe (vgl. auch Kapitel 2.2, S. 12 ff.). Mano ist entsetzt und darin bestärkt, dass er seine deutsche Herkunft auf jeden Fall verschweigen muss. Beim Essen spricht die Familie über Pauls und Manos Zukunft. Félix sagt, dass Paul und Mano heiraten, eine Familie gründen und sie zu Großeltern machen werden. Mano bekommt daraufhin einen seiner Tobsuchtsanfälle und fegt das komplette Geschirr vom Tisch. Fifine bringt ihn schließlich zur Besinnung, Mano weint.

Mano kommt als André Mano in die Kinderpsychiatrie

Madame Fouquet und Mano besuchen Madame Marcheix-Thoumyre, die über Manos Schulbesuch und einen Aufenthalt Manos in der Kinderpsychiatrie sprechen, damit er untersucht werden kann. Mano lehnt das entschieden ab. Madame Fouquet beruhigt ihn und

3.2 Inhaltsangabe

versucht, alles zu erklären. Mano hat Angst, dass Fifine ihn wegen des zerbrochenen Geschirrs nun wegschickt. Fifine beruhigt ihn und verspricht, dass er nach der Untersuchung wieder zu ihr zurückkehren wird. Madame Marcheix-Thoumyre fragt, unter welchem Namen sie Mano im Krankenhaus anmelden solle. Schließlich einigt man sich auf André Mano. Einige Zeit später bringt Fifine Mano in die Klinik. Mano ist beunruhigt, denn die Fenster sind vergittert, außerdem hält er die Anmeldung für eine Registrierung.

Als Fifine sich verabschiedet, weint Mano und will mit ihr gehen, doch Schwester Antonie bringt ihn in den Schlafsaal. Der angstvolle Mano sieht Jungen in unterschiedlichen psychopathologischen Zuständen. Schwester Antonie befiehlt Mano, sich ins Bett zu legen, obwohl noch Vormittag ist. Er legt sich mit seiner Straßenkleidung ins Bett, zieht sich die Decke über das Gesicht und erinnert sich an seine Haft im KZ Ravensbrück: Dort hat er sich zusammen mit einem anderen Jungen vor der Sterilisation versteckt, während die Männer seiner Familie schmerzhaft sterilisiert worden sind. Mano stahl anschließend in der Küche Pudding für seine sterilisierten Angehörigen und brachte ihn in die Baracke. Ein SS-Mann bemerkte den Diebstahl und zur Strafe musste Mano zwanzig Mal über eine Holzbank springen. Bei dem sechzehnten Sprung stürzte er in eine zerbrochene Flasche und verletzte sich schwer, doch aus Angst umgebracht zu werden, sprang er noch vier Mal (112 ff.).

> Mano konnte im KZ der Zwangssterilisation entgehen

Mano fühlt sich durch alle Umstände in der Kinderpsychiatrie an das KZ erinnert. Er weint viel und denkt immer wieder an Ereignisse aus dem KZ Ravensbrück, als er zum Beispiel in einen dunklen Abstellraum gesperrt wurde. Zwei Tage nach Aufnahme Manos in der Kinderpsychiatrie besuchen ihn die Fouquets. Mano ist sehr ernst und die Fouquets wollen ihn ablenken. Félix verspricht ihm sogar Boxhandschuhe nach seiner Rückkehr. Als die Fouquets

> Mano fühlt sich an das KZ erinnert

3.2 Inhaltsangabe

Schlechte Behandlung in der Klinik

gehen, sind sie bedrückt. Das Gebäude wirkt auch auf sie furchteinflößend und sie trösten sich damit, dass sie Mano gleich nach der Untersuchung wieder nach Hause holen werden.

Am Morgen wird Mano grob von einem Buckligen gewaschen, der ihn als „dreckigen Deutschen" (S. 118) beschimpft. Dieses Spiel wiederholt sich jeden Morgen. Mano weint jeden Abend, in der Nacht hat er Albträume, die ihn schreien lassen. Er träumt von Toten, von einer Frau, die ihn erwürgen will, vom KZ. Auch andere Kinder schreien, von Albträumen geplagt. Da der Chefarzt in Urlaub ist, soll Mano zwei Wochen auf seine Untersuchung warten. Er liegt im Bett, die Decke über den Kopf, immer zur Flucht bereit. Mano wird immer nervöser und aggressiver. Er erinnert sich an den Aufbruch zum Todesmarsch aus dem KZ Sachsenhausen. Immer wurden dort erschöpfte Menschen erschossen. Wasser und Nahrung gab es nicht. In einem Wald rasteten sie drei Tage, die Menschen schabten vor Hunger die Rinde von den Bäumen. Mano denkt wieder an seinen schweren Mantel, mit dem er sich und Manfred vor der nächtlichen Kälte schützen konnte. Er verteidigte den Mantel, als ihn nachts jemand stehlen wollte. Mano fürchtete, im Wald zu sterben.

Schwerst gestörte Mitpatienten

Der Junge im Bett links von Mano verrichtet seine Notdurft im Bett und isst seinen Kot. Mano ist entsetzt und übergibt sich im Bad. Als Mano später zurückkehrt, hat die Schwester den Jungen schon gewaschen, aber Mano hat immer noch leichten Würgereiz. Mano erinnert sich daran, dass sie auf dem Todesmarsch einen alten Schafskopf fanden, um den sich die Menschen beinahe prügelten, um ihn zu essen. Der Kopf war schon alt und Mano hat nicht davon gegessen. Schließlich isst Mano nicht mehr. Als Tante Fifine ihn besucht, erzählt er ihr von dem Verhalten des Jungen und bittet sie, ihn mitzunehmen. Immer wieder schreit ein Junge gellend und ohrenbetäubend im Schlafsaal. Auch Paul besucht Mano und bringt

3.2 Inhaltsangabe

Essen mit in die Klinik. Und auch ihn fleht Mano an, ihn mit nach Hause zu nehmen. Nach zwei Wochen erscheint endlich der Chefarzt Doktor Heuyer. Mano sagt dem Arzt, dass einer seiner Füße schmerzt. Heuyer untersucht Fuß und Bein und sagt, dass eine Therapie gemacht werden müsse. Als die Ärzte und die Schwester weitergehen, zischt der Bucklige Mano zu, dass der Fuß abgeschnitten werde. Von da an verleugnet Mano seine Schmerzen und muss immer wieder an den Todesmarsch denken. Am nächsten Morgen versucht Mano, aus der Klinik zu fliehen: Er rennt los und schafft es bis auf die Straße, doch eine Schwester und ein Pfleger packen ihn, halten ihn fest und legen ihm eine Zwangsjacke an. Anschließend bringen sie ihn zurück in sein Bett (S. 124 f.). Mano denkt daran, dass er auf dem Todesmarsch fliehen wollte und es seiner Cousins wegen nicht getan hat. Er hatte auch Angst, sich zu verirren. Etwa eine halbe Stunde später erscheint Schwester Antonie und befreit Mano von der Zwangsjacke. Sie sagt, dass er bleiben müsse, bis er ganz gesund sei. Mano antwortet, dass er nicht krank sei.

Am selben Tag wird Mano ins Untersuchungszimmer gebracht und auf einem Lederstuhl fixiert. Er bekommt einen Elektroschock, der ihn bewusstlos werden lässt. Nachdem er aus seiner Ohnmacht zu sich gekommen ist, bringt ihn die Schwester in sein Bett, wo er sofort einschläft. Nach Stunden erwacht er, hat furchtbare Kopfschmerzen und Durst. Er ruft und der seinen Kot essende Junge bietet Mano ein Glas Wasser an, das er aus Ekel vor dem Jungen ablehnt. Mano schläft den ganzen Tag und schleppt sich dann zum Abendessen, wo er schmerzgeplagt etwas isst und alles um sich herum ignoriert. Er fühlt sich wieder an das KZ erinnert, wo sich die Menschen stritten und die Kleidung nach Typhus übertragenden Läusen absuchen mussten. Er erzählt Paul bei seinem nächsten Besuch von den Schwestern, die ihn immer „den Deutschen" nen-

Sadistischer Pfleger

Fluchtversuch

Mano bekommt Elektroschocks

3.2 Inhaltsangabe

Madame Fouquet beschwert sich

nen, und von den Beschimpfungen durch den Buckligen. Paul ist entsetzt. Als Madame Fouquet davon erfährt, interveniert sie bei der Klinik. Am Tag darauf sprechen die Schwestern ihn mit „André" an und der Bucklige ist jetzt weniger grob.

Immer wieder sieht Mano, dass der Junge neben ihm seinen Kot isst, woraufhin Mano das Essen einstellt. Fifine und Paul versorgen ihn mit Essen von zuhause. Mano denkt daran, dass er während seiner Gefangenschaft selbst Hundefutter gegessen hat: Er kletterte unter anderem in den Hundezwinger und aß die Haferflocken aus dem Napf. Der Hund schaute derweil nur zu, aber ein SS-Mann mit seiner Familie entdeckte ihn. Mano fürchtete, erschossen zu werden – doch der Mann ließ ihn unbehelligt gehen (S. 128 f.).

Mano will die Toilette aufsuchen und beobachtet, dass ein Junge sich an der Toilettentür absichtlich den Kopf blutig schlägt. Mano ruft Schwester Antonie herbei, die abgeklärt reagiert. Mano kann nun die Toilette aufsuchen. Er wartet lange, bis er wieder auf den Flur tritt. Der Blutfleck ist immer noch an der Tür.

Die Schwestern sind fürsorglicher geworden

Inzwischen versuchen einige Schwestern, Mano vor den anderen Jungen zu schützen. Viel isst er immer noch nicht. Zweimal am Tag begleitet eine der Schwestern ihn vor die Toilettentür, weil inzwischen bekannt ist, dass Mano eine Begegnung mit dem Jungen Luc fürchtet. Steht der Junge dort, bringt die Schwester Mano fort. Mano verbringt jetzt beinahe den ganzen Tag im Bett. Die Beine sind wieder angeschwollen, er hat starke Schmerzen. Er denkt an die Amsel vom weißen Hof, wo er nun lieber wäre als in der Klinik.

Zweiter Fluchtversuch

Schließlich versucht Mano erneut zu fliehen und wird wieder von einem Pfleger überwältigt und in eine Zwangsjacke gesteckt. Immer wieder erhält Mano schmerzhafte Elektroschocks.

Madame Marcheix-Thoumyre interveniert

Madame Marcheix-Thoumyre besucht Mano. Ihr sagt Mano, dass der Arzt sich verhalte wie die Ärzte im KZ. Er berichtet ihr von der Elektroschocktherapie (ohne sie als solche bezeichnen zu

3.2 Inhaltsangabe

können), von seinem Zustand danach und bittet sie inständig, ihn mitzunehmen. Madame Marcheix-Thoumyre berichtet den Fouquets und den Kneppers von den Elektroschocks und dem verschlechterten Zustand Manos. Sie erkennen alle, dass dem Jungen in der Klinik nicht geholfen wird, und wollen ihn dort rausholen. Madame Marcheix-Thoumyre sucht Dr. Heuyer auf und kann erreichen, dass die Elektroschockbehandlung ausgesetzt wird. Dr. Lallemant, ein sehr bekannter Kinderarzt, wird schließlich eingeschaltet und er verspricht, mit Dr. Heuyer zu reden und Mano selbst zu untersuchen.

Dr. Lallemant hält Wort und erscheint persönlich in der Klinik. Der Arzt geht sehr freundlich mit Mano um, untersucht ihn und stellt ihm Fragen. Dann wendet sich Dr. Lallemant den Ärzten zu und sagt, dass Mano gesund sei, Furchtbares durchlebt habe und sofort entlassen werden müsse. Die Elektroschocks seien sofort zu unterlassen. Wieder in seinem Bett weint Mano vor Glück. Am Tag darauf erscheinen die Fouquets, Lucienne Knepper und Madame Marcheix-Thoumyre und holen ihn aus der Klinik. Gemeinsam gehen sie zum Essen und Fifine nimmt Mano mit nach Hause. Dort erhält er die versprochenen Boxhandschuhe von Félix. Mano ist außer sich vor Freude, tänzelt luftboxend durch die gesamte Wohnung, boxt ein wenig mit Félix und möchte dann unbedingt mit Paul boxen. Der lässt sich erweichen. Paul setzt seine Hiebe vorsichtig, Mano hingegen schlägt Paul mit aller Kraft ins Gesicht und trifft dessen Nase, die zum Glück nicht gebrochen ist. Beim Abendbrot erzählt Mano, dass er in Auschwitz bei einer Turnerei auf das Gesicht gefallen sei und sich dabei die Nase gebrochen habe. Drei Tage lang sei er bewusstlos gewesen. Diese drei Tage habe ihn seine Mutter zum Appell getragen, neben sich hingestellt und festgehalten (S. 137 f.).

Madame Marcheix-Thoumyre und die Fouquets treffen sich bei den Kneppers. Diese überlegen, ob sie Mano adoptieren sollen, da

Mano kann die Klinik verlassen und bekommt Boxhandschuhe

3.2 Inhaltsangabe

Mano soll sich in einer Jugendeinrichtung erholen

sie keine eigenen Kinder haben. Die Erwachsenen eröffnen Mano schließlich, dass er auf Empfehlung Dr. Lallemants für unbestimmte Zeit in eine in Saint-Maur-des Fossés gelegene Jugendeinrichtung geschickt werde, um sich zu erholen. Mano missfällt das. Madame Marcheix-Thoumyre erklärt ihm, dass sie erst nach seinen Eltern suchen können, wenn ihm etwas über seine Herkunft einfalle. Mano überlegt, ob er etwas über seine Herkunft verraten soll, doch ihn überkommt die Angst, dass sie sich dann nicht mehr um ihn kümmern. Er denkt, dass er eigentlich tot sein sollte wie seine Familie.

Im Waisenhaus von Saint-Maur-des Fossés

Zwei Tage später bringen die Fouquets Mano in die Jugendeinrichtung, einem Waisenhaus. Sie werden von Monsieur Maret empfangen, der sich Manos Geschichte nochmals ausführlich erzählen lässt. Als die Fouquets sich verabschieden, weint Mano und bittet sie, ihn mitzunehmen. Fifine redet auf ihn ein und schließlich beruhigt sich Mano. Monsieur Maret bringt Mano in den Schlafsaal: Mano registriert einen schmalen, zur Toilette führenden Gang und wird nervös. Der Mann bemerkt das und hält Mano fest an der Hand. Er zeigt ihm den Garten, stellt ihm die anderen Kinder vor und den Betreuer Monsieur Gallois und die Lehrerin Madame Peyraud. Neben den Kindern leben auch fünfzehn- bis sechzehnjährige Jungen in Saint-Maur-des Fossés und Mano hat Angst vor ihnen. Er versteckt sich vor ihnen und häufig schläft er in seinen Verstecken

Alte Ängste

ein. Monsieur Maret findet ihn dann und bringt ihn behutsam zu den Kindern zurück. In der Regel schläft Mano jetzt die Nächte durch, doch wenn er erwacht, überkommt ihn wieder die Angst. Auch hier benutzt er nicht die Toilette, sondern uriniert wieder aus dem Fenster. Von den älteren Jungen wird er deshalb verspottet. Als Monsieur Maret davon erfährt, begleitet er ihn in der Früh und am Abend zu Toilette.

Raufereien

Madame Peyraud bringt Mano und anderen Analphabeten die Grundlagen von Lesen, Schreiben und Rechnen bei. Am liebsten

3.2 Inhaltsangabe

malt Mano. Nach dem eigentlichen Unterricht gibt es Turnunterricht auf der Wiese und eine Art Hindernislauf, der Mano schnell erschöpft. Von dem älteren Yves wird Mano provoziert, andere Jungen umkreisen ihn. Mano spuckt Yves ins Gesicht und läuft weg. Ein anderer Junge läuft Mano hinterher und schließlich raufen die beiden. Die anderen Jungen schauen nur zu und nehmen überrascht zur Kenntnis, dass Mano dem Älteren überlegen ist. Er tritt den am Boden liegenden Yves, dann lässt er von ihm ab. Monsieur Maret erscheint, unterbindet alle weiteren Raufereien und macht den Jungen klar, dass sie alle gleiches Leid erfahren haben. Von Mano will er wissen, wie die Rauferei begonnen hat, und Mano sagt ihm, dass Yves nach seiner Herkunft gefragt hatte. Auch Monsieur Maret erkundigt sich danach. Mano weicht dem Blick des Mannes aus, dann bricht es aus ihm heraus. Auf Deutsch erzählt er Monsieur Maret, dass einem auf dem Todesmarsch zum Aufstehen zu schwachem Menschen über den Kopf gefahren worden war und dass ein alter, um Gnade flehender Mann erschossen wurde (S. 145 f.). Monsieur Maret schaut Mano entsetzt an und bietet ihm an, dass er immer mit ihm sprechen kann.

Am **18.10.1945** stellt Manos Vater Johannes Höllenreiner an die UNRRA eine schriftliche Anfrage (vgl. S. 147 f.). — *Manos Vater sucht seinen Sohn*

Mano wird häufig schlafend vorgefunden und hat die Erlaubnis bekommen, auch am Tag zu Bett zu gehen. In der Nacht quälen ihn weiterhin Albträume. Dr. Lallemant besucht ihn und erkundigt sich nach seinem Befinden. Mano gibt dem Arzt zu verstehen, dass er nicht gerne in dem Waisenhaus ist, doch der Arzt erwidert, dass er sich gut einleben werde. Dann setzt er eine Injektion ins Bein und massiert die Ödeme. Er zeigt Monsieur Maret und Monsieur Gallois die Behandlung und kündigt an, in vier Wochen erneut zu kommen. Mano ist entsetzt, dass er vielleicht für den Rest seines Lebens im — *Heimweh*
Heim bleiben muss. Er überlegt, dem Heimleiter oder dem Arzt sei-

3.2 Inhaltsangabe

Annäherung an André

nen richtigen Namen zu sagen, da sie, die selbst Deutsch sprechen, die Deutschen vielleicht nicht so hassen. Mano hat Angst.

Am liebsten spielt Mano mit den Mädchen, mit den Jungs hat er reihum Raufereien, gewinnt aber meist. Als er an einem Abend in seinem Bett liegt und weint, hört er, dass der Junge André ebenfalls weint. Ihm hatte Mano zuvor ein blaues Auge geschlagen. Zunächst freut Mano sich, dass André Tränen vergießt. Nach einer Weile schleicht er sich zum Bett und zieht ihm die Decke weg. André bekommt einen Schreck, dann bemerkt er, dass Mano ihn nicht schlagen will. Mano fragt ihn, warum er weint. André streitet ab zu weinen. Die beiden schauen sich in die Augen, dann schleicht Mano zurück zu seinem Bett.

Der Zustand von Manos Beinen wird besser. Er beteiligt sich jetzt mehr an Ballspielen, ansonsten zieht er sich wie gewohnt zurück. Wenn er für sich ist, denkt er nach. Er will sich nicht mehr prügeln, er will nichts mehr gefragt werden, was er auf Französisch nicht richtig beantworten kann, er will nicht in dieser Einrichtung für Waisen ein, er will gar nicht mehr sein. Er beklagt sich bei den Insekten über seine Einsamkeit und Heimatlosigkeit und fragt sich, warum er noch lebt, wo doch alle anderen Familienmitglieder tot sind. Und er sagt den Tieren, dass er lieber in Pantin bei Paul wäre. Wenn er sich unbeobachtet wähnt, weint er. So wird er meist von Monsieur Maret gefunden, der ihn dann zu den anderen Kindern zurückbringt.

Das Partisanenspiel

Die Kinder spielen das Partisanenspiel. Dazu bilden sie zwei sich gegenüberstehende Gruppen, die die Deutschen und die Franzosen darstellen. Auf ein Stichwort laufen beide Gruppen aufeinander zu und eines der französischen Kinder versucht nach festen Spielregeln einen sogenannten Partisanenbrief zu schmuggeln. Nach einer Weile ändern die Kinder die Spielregeln dahingehend, dass der erwischte „Partisan" körperlich betraft wird. Mano weigert sich.

3.2 Inhaltsangabe

an diesem Spiel teilzunehmen, was die Lehrerin Madame Peyraud nicht versteht.

Die Fouquets besuchen Mano, der wortkarg ist. Er möchte mit ihnen nach Hause gehen. Madame Fouquet sagt ihm, dass man sich dort, wo er zurzeit ist, besser um ihn kümmern kann. Später fragt Mano nochmals allein bei Paul nach. Der erzählt, dass seine Mutter vielleicht jemanden findet, der mehr Geld zur Verfügung hat. Derweil spricht das Ehepaar Fouquet mit dem Heimleiter, der Mano als einen schwierigen, unberechenbaren Charakter beschreibt. Mano bietet seiner Pflegemutter an, Geld zu verdienen, damit er bei ihnen bleiben kann. Madame Fouquet erklärt, dass er etwas lernen müsse. Mano fügt sich und sagt, dass er wie Max Schmeling werden möchte, und Paul hält sich die Nase.

Besuch von den Fouquets

Die Kinder wollen eine Art Gefangenenspiel spielen, wobei „deutsche Gefangene" durch die Straße geführt werden. Mano soll der Gefangene sein, doch der will nicht und läuft weg. Die Älteren laufen hinter ihm her, halten ihn fest, woraufhin er sich erbittert wehrt, sie beschimpft und bespuckt. Yves zwingt ihn zu Boden. Da stößt der andere André Yves derart, dass dieser fällt. Mano rappelt sich auf und zusammen mit André läuft er fort. Mano bedankt sich bei André und entschuldigt sich für das blaue Auge, das er ihm geschlagen hat. Wenn sich die älteren Jungen nun mit Mano anlegen, erhält er immer Unterstützung von André.

Das Gefangenenspiel

Der Junge André unterstützt Mano

Mano und André sitzen gut versteckt beisammen und unterhalten sich: Andrés Eltern sind tot, erschossen von den Deutschen, da sie Partisanen waren. Mano erzählt, dass er im KZ war, und zeigt ihm die tätowierte Nummer auf dem Arm. Gemeinsam überlegen sie, ob sie noch lebende Verwandte haben. André hat noch Onkel und Tanten, zu denen er aber nicht will, weil die seine Eltern im Krieg im Stich gelassen hätten. Mano erzählt von einem seiner Cousins,

Andrés Eltern wurden von den Deutschen erschossen

3.2 Inhaltsangabe

Traurige Weihnachten 1945

der ihm auf dem Todesmarsch den Mantel stehlen wollte und den er nun auch nicht mehr mag. Madame Marcheix-Thoumyre lässt im Radio eine Suchmeldung nach Manos Angehörigen im Raum Marseille verlesen (S. 158). Es ist kurz vor **Weihnachten 1945**. Madame Peyraud übt mit den Kindern Weihnachtslieder und lässt den Saal schmücken. Am Weihnachtsabend bekommt jedes Kind einen Teller mit Leckereien und Monsieur Maret hält eine kurze Ansprache, die einige Kinder sehr traurig stimmt. Nach dem gemeinsamen Singen liest Monsieur Maret noch eine Weihnachtsgeschichte vor.

Wieder einmal geraten Yves und Mano aneinander, doch schon am nächsten Tag rächt sich Mano für einen Tritt zwischen die Beine. Schließlich verlässt Yves das Haus und Mano ist erleichtert. Nach und nach werden auch andere Kinder vermittelt, aber Mano möchte nur zurück zu Paul. Im **Januar 1946** wird über Radio München eine Mano betreffende Suchmeldung ausgestrahlt (S. 162 f.). Unter Anleitung von Madame Peyraud gärtnern die Kinder, worüber sich Mano sehr freut.

Mano kann das Heim verlassen, die Chassagnys wollen ihn adoptieren

Wieder ist Besuch angesagt und die Kinder machen sich zurecht, nur Mano versteckt sich. Monsieur Maret erscheint mit Madame Marcheix-Thoumyre und dem Ehepaar Chassagny. Madame Marcheix-Thoumyre begrüßt Mano und verrät, dass die Chassagnys ihn adoptieren wollen. Mano fragt sie ganz leise, ob er das Heim nun verlassen kann. Sie bejaht und erklärt, dass sie Mano zu sich mit nach Hause nehmen wird. Mano packt seine Sachen, verabschiedet sich hastig von André und den Erwachsenen und steigt dann schnell ins Auto. Einerseits freut er sich, andererseits fürchtet er die fremden Leute. Und er fragt sich, was ist, wenn seine eigenen Eltern noch leben.

In der Wohnung von Tante Maxdex

Die Fahrt führt nach Paris zur Wohnung von Madame Marcheix-Thoumyre. Das Haus ist sehr repräsentativ mit einem kleinen Park,

3.2 Inhaltsangabe

der Wagen wird in einer Kellergarage geparkt. Mano hat Angst, den Fahrstuhl zu betreten. Madame benutzt deswegen fürsorglich mit ihm die Treppe und Mano beruhigt sich. Sie betreten die Wohnung, die geschmackvoll und teuer eingerichtet ist. Die Cassagnys beobachten Mano und stellen ihm Fragen. Nach dem Essen verabschieden sich die Chassagnys und Madame Marcheix-Thoumyre eröffnet, dass Mano zunächst bei ihr leben wird, da die Fouquets für ihn keine Lebensmittelkarten haben. Abends kann Mano in einem Zimmer in der oberen Etage nicht einschlafen und muss wieder an die Grausamkeiten des Todesmarsches denken. Er schleicht sich zu Madame Marcheix-Thoumyre, die ihn schließlich bei sich schlafen lässt. Am nächsten Tag beginnt Madame Marcheix-Thoumyre, Mano Tischsitten beizubringen, und fordert ihn zum langsamen Essen und Sitzenbleiben auf.

Madame Marcheix-Thoumyre ist viel unterwegs und manchmal begleitet Mano sie ins Büro des Hilfsdienstes für Verschleppte. Die meisten der Hilfesuchenden sind ehemalige Insassinnen des KZs Ravensbrück und ehemalige Häftlinge aus dem KZ Buchenwald. In ihrer Nähe ist Mano entspannt, schimpfen diese Menschen auf die Deutschen, schimpft er mit. Manche der Menschen suchen nach ihren Angehörigen, darunter auch Kinder. Mano registriert, dass Madame Marcheix-Thoumyre dann nach Name, Geburtsort und Beruf fragt. Sie wiederum bemerkt Manos Interesse und erklärt ihm, dass nur so eine gezielte Suche in die Wege geleitet werden kann. Häufig schlendern sie gemeinsam durch Paris, wobei Madame Marcheix-Thoumyre Mano immer an die Hand nimmt. Sie kleidet Mano neu ein, die von Paul geerbte Kleidung behält Mano aber.

Mano nennt seine neue Pflegemutter Madame Marcheix-Thoumyre bald „Tantine". Tantine bekommt häufig Besuch von Freundinnen, die großes Interesse an und Mitgefühl für Manos Schicksal zeigen. Mano erfährt, dass auch Geneviève de Gaulle, die Nichte

Beim Hilfsdienst für Verschleppte

Begegnung mit Geneviève de Gaulle

3.2 Inhaltsangabe

Benimmunterricht

Charles de Gaulles, interniert war. Sie erzählt Mano von ihren Erlebnissen und er erzählt Details aus seiner Haft. Manc fühlt sich angenommen.
Madame Marcheix-Thoumyres Benimmunterricht trägt langsam Früchte. Wenn Besuch da ist, reißt Mano sich zusammen und schafft es, mit Messer und Gabel zu essen. Und er beobachtet die Gäste und ahmt deren Verhalten nach. Wegen seines charmanten Benehmens wird er nicht mehr in sein Zimmer geschickt, sondern darf bei der Gesellschaft bleiben. Geneviève de Gaulle erscheint häufig und auch Lucie Aubrac.[20] Die Frauen sprechen über Madame Marcheix-Thoumyres konspiratives Verhalten während des Kriegs für die Résistance (S. 179): Über das im Keller installierte Funkgerät wurden Informationen an den in England weilenden militärischen Widerstand unter Führung von Charles de Gaulle gefunkt.[21] Mano bekommt wieder Angst, wegen seiner Herkunft gehasst zu werden. Und er bereut, Geneviève de Gaulle nicht nach seiner Mutter befragt zu haben. Vor Trauer und Angst schreit er und wird von Madame Marcheix-Thoumyre getröstet.

Die Geschichte von Lucie Aubrac

Die Freundinnen sprechen häufig vom Krieg und der deutschen Besatzung. Mano hört sehr genau zu, wenn von Charles de Gaulle die Rede ist, der nach England geflohen war und die Franzosen via Rundfunk zum Widerstand gegen die deutschen Besatzer und die Regierung Pétain[22] aufforderte. So erfährt Mano von der „Résistance". Er findet das alles sehr interessant, auch die Geschichte von Lucie Aubrac (S. 181 f.), die er vom Korridor aus belauscht. Mano überlegt, dass seine Pflegemutter und Lucie Aubrac Glück hatten

---

20 Lucie Aubrac: 1912–2007, französische Geschichtslehrerin und bekanntes Mitglied der Résistance. Nach dem Krieg gehörte sie der provisorischen Regierung de Gaulles an.
21 Dazu siehe Kapitel 5. Materialien, Die Besetzung Frankreichs 1940–1944.
22 Auch dazu siehe Kapitel 5. Materialien, Die Besetzung Frankreichs durch die Deutschen 1940–944.

3.2 Inhaltsangabe

und nie verhaftet wurden, im Gegensatz zu Geneviève de Gaulle, die nach Ravensbrück deportiert wurde. Mano fragt sich, ob es nicht gut gewesen wäre, wenn auch die „Zigeuner" gekämpft hätten. Während des Krieges hatte Madame Marcheix-Thoumyre Jacques Vendroux[23] versteckt. Auch er ist häufig zu Besuch in der Wohnung, geht sehr freundlich mit Mano um und bringt ihm Süßigkeiten mit. Einmal ist auch ein wichtiger Mann aus der Partisanenzeit zu Gast. Félix Fouquet besucht Mano jeden Sonntag. Zusammen fahren sie dann nach Pantin, wo sie die Kneppers oder andere Verwandte besuchen. Mano würde gerne bei den Fouquets bleiben, doch inzwischen sieht er, dass Madame Marcheix-Thoumyre ihm mehr bieten kann.

<small>Kontakt zu den Fouquets bleibt</small>

***Bericht Félix Fouquet** (S.187 f.)*: *Félix Fouquet berichtet, dass es für die Familie selbstverständlich war, Mano aufzunehmen. Auch während des Krieges hatten die Fouquets Menschen versteckt, die als Zwangsarbeiter nach Deutschland deportiert werden sollten. Félix berichtet aus seinem Leben, auch aus den Kriegszeiten. Félix hat Mano das Lachen wiedergeben wollen, da er Furchtbares erlebt haben musste. Für eine angemessene Betreuung fehlten ihnen aber die Mittel, sagt Félix Fouquet.*

<small>Zeitzeuge Félix Fouquet</small>

Die Chassagnys haben eine Segelyacht, auf der sie gemeinsam mit Mano häufig Ausflüge unternehmen. Manchmal darf auch Mano ans Steuer. Insgesamt sind ihm die Chassagnys wohlgesinnt und er hat dort viele Freiheiten. Auf Pierre Chassagnys Frage nach seinem Berufswunsch antwortet Mano, dass er „Kapitän. Oder Soldat. Oder Max Schmeling" (S. 189) werden will, was Pierre amüsiert.

<small>Ausflüge mit den Chassagnys und Madame Marcheix-Thoumyre</small>

---

23 Jacques Vendroux (1897–1988) heiratet später mit Yvonne de Gaulle eine der Töchter Charles de Gaulles. Er wird Abgeordneter im französischen Nachkriegsparlament.

3.2 Inhaltsangabe

Anstrengender Opernbesuch

Zusammen mit Madame Marcheix-Thoumyre, deren Tochter Huguette und ihrem Schwiegersohn Daniel besucht Mano die Oper „Samson und Dalila"[24]. Mano ist überwältigt vom Pariser Opernhaus und seiner prachtvollen Ausstattung und verrät, dass sein Vater beim Zirkus gearbeitet hat. Noch vor der Pause stiehlt Mano sich von seinem Sitz und schleicht sich in die Garderobe, wo er sich versteckt und schließlich einschläft. In der Pause suchen die Erwachsenen verzweifelt nach ihm und Madame Marcheix-Thoumyre findet ihn schließlich. Mano entschuldigt sich und sie kehren auf ihre Plätze zurück. Die Vorstellung geht weiter und diesmal schläft Mano zu Füßen von Madame Marcheix-Thoumyre.

Mano erzählt vom Zirkus in München

Als er an diesem Abend im Bett liegt, hält er eine Art Zwiesprache mit seinen Eltern und sagt ihnen, dass er es jetzt gut hat und dass sie sich keine Sorgen um ihn machen müssen. Er muss sehr weinen und Madame Marcheix-Thoumyre tröstet ihn. Am nächsten Tag befragt sie ihn nach dem Zirkus.

Radiosendung mit Mano

Mano ist für einige Tage bei den Fouquets, als Madame Marcheix-Thoumyre anruft, auf ihre Bitte hin fährt Mano zusammen mit Paul nach Paris zum Radiosender „France Inter". Madame Marcheix-Thoumyre und der Journalist Georges de Caunes, der die Sendung „Ce soir en France"[25] moderiert, erwarten sie. Madame Marcheix-Thoumyre informiert die Hörer in der Sendung über ihren Hilfsdienst und ihre Hilfe für Mano. Paul darf von „seinem kleinen Bruder" erzählen und Mano berichtet von seinen Erlebnissen im KZ und nennt seine eintätowierte Nummer.

Reise nach Südfrankreich

Madame Marcheix-Thoumyre, ihr Lebensgefährte Jean Michel und Mano fahren nach Südfrankreich zu einem Bekannten aus der Partisanenzeit. Während sich die Erwachsenen über die alten Zei-

---

24 Eine Oper über den Hebräer Samson, dessen Kraft in seinen Haaren liegt. Die von den gegnerischen Philistern auf ihn angesetzte Dalila findet es heraus und lässt ihn scheren.
25 Übersetzt: Heute Abend in Frankreich.

3.2 Inhaltsangabe

ten unterhalten, sitzt Mano vor dem Haus und schaut in den Sonnenuntergang. Mano realisiert, dass er bereits seit einem Jahr in Frankreich ist und dass es wohl niemanden mehr gibt, der nach ihm suchen kann. Anschließend fahren die drei nach Marseille. Mano versteht den Zusammenhang: Er denkt daran, dass seine Retterin Élise Carré gesagt hatte, dass Mano ein jüdisches Kind aus Marseille sei. Er fürchtet, Madame Carré zu treffen, da Madame Marcheix-Thoumyre sie nach seiner Familie fragen könnte.

9. März 1946: Manos Vater initiiert einen Aushang in der K.Z.-Betreuungsstelle München (S. 199). *Aushang des Vaters*

Eine der vielen kleinen Reisen, die Madame Marcheix-Thoumyre mit Mano unternimmt, führt sie auf den Gutshof eines Freundes aus der Résistance. Mano genießt hier die Natur und erfreut sich an den Tieren, die Erwachsenen reden über die Zeit in der Résistance und über die aktuelle Politik. Mano sagt, dass er die Deutschen nicht mag. Die Erwachsenen lachen und nicken ihm zu. Mano erfährt, dass de Gaulle den Deutschen nun die Freundschaft anbieten möchte. Mano wirft ins Gespräch ein, dass die Deutschen Schweine sind, doch niemand stimmt mehr zu. Der Gutsbesitzer bietet Mano an, bei ihm auf dem Hof zu leben. Mano aber möchte bei Madame Marcheix-Thoumyre oder bei Paul bleiben. Am nächsten Tag fährt Mano mit dem Gutsbesitzer und einem Militärpolizisten zu in Frankreich verheirateten Deutschen. Sie wollen von Mano wissen, ob er die beiden Männer kenne und diese vielleicht bei der SS gewesen seien. Aber Mano hat die Männer noch nie zuvor gesehen. *Auf der Suche nach versteckten SS-Männern*

Inzwischen haben die Chassagnys ein Zimmer für Mano eingerichtet. Mano soll später vielleicht Marineoffizier werden und dafür muss er die Kadettenschule in Le Havre besuchen, wozu er einen guten Schulabschluss braucht. Deshalb soll er zu einem in Le Havre lebenden kinderlosen Lehrerehepaar ziehen, das für seine Bildung *Mano soll in Le Havre unterrichtet werden*

3.2 Inhaltsangabe

Mano kommt zu den Chevriers

sorgen soll. In den Ferien kann Mano dann seine Bekannten und seine zukünftigen Adoptiveltern besuchen, so die Planung.

Die Chassagnys fahren mit Mano nach Le Havre zu Odile und Auguste Chevrier, wo sich Mano nicht besonders wohl fühlt: Er ist einsam und weint. Madame Chevrier kommt, um ihn zu trösten, und liest ihm ein Märchen vor.

Zum ersten Mal am Meer

Am nächsten Tag gehen die Chevriers mit Mano zum Meer, wo Mano den Futterstreit der Möwen beobachtet. Zu Hause im Wohnzimmer setzt sich Mano an das Klavier und klimpert darauf herum. Seine neue Pflegemutter kommt und erteilt ihm seinen ersten Klavierunterricht. Mano vergeht die Lust auf Klimpern. Ständig muss Mano Ermahnungen und Zurechtweisungen der Chevriers über sich ergehen lassen. Am Sonntag bringt die Protestantin Madame Chevrier Mano in einen katholischen Gottesdienst.

Trost von Madeleine

Madame Marcheix-Thoumyre ruft bei den Chevriers an und spricht mit Mano. Der beklagt sich über die Chevriers. Zweimal in der Woche ruft Madeleine nun an und bespricht sich mit ihm.

Mano und die Chevriers gehen erneut zum Meer, diesmal bei Ebbe: Panzer, Flugzeuge und Militärschrott kommen auf dem Meeresboden zum Vorschein. Monsieur Chevrier ermahnt Mano, niemals dorthin zu gehen, da sich dort noch Sprengstoff befinden könnte. Gemeinsam gehen sie ins Watt hinaus – vor sich kaputtes Kriegsgerät, hinter sich eine zerstörte Stadt. Einige Stunden später gehen sie nochmals bei Flut zum Meer und Monsieur Chevrier erklärt ihm die Gefahren im Watt. Er erklärt ihm das Prinzip der Wechselströme und den Einfluss des Mondes auf die Tide. Mano versteht nicht alles, doch er will vorsichtig sein.

Unfreundliche Nachbarin und penible Pflegemutter

Als sie nach Hause zurückkehren, trifft Mano im Hausflur auf einen Kater und dessen unfreundliche Besitzerin. Mano streichelt das Tier dann nur noch heimlich. Madame Chevrier achtet sehr auf Manos Sauberkeit und badet ihn einmal die Woche persönlich,

3.2 Inhaltsangabe

was Mano sehr unangenehm ist. Erfreulich ist dagegen die Tour mit Monsieur Chevrier ans Meer zum Taschenkrebsfangen. Und auch mit dem Nachbarskind Yvonne freundet sich Mano an. Abends weint Mano nach wie vor im Bett und wird dann von Madame Chevrier getröstet: Regelmäßig suchen Mano Bilder aus dem Lager heim.

17.3.1946: Johannes Höllenreiner stellt via K. Jochheim-Armin erneut eine Suchanfrage nach Mano an die UNRRA (S. 219). Suchauftrag

Die Chevriers zeigen Mano Le Havre. Inzwischen hat sich sein Leben bei den Chevriers, die viel Wert auf Pünktlichkeit legen, etwas eingespielt. Er lernt einfache Lieder auf dem Klavier und nennt Herrn Chevrier „Parrain" (S. 220) und Frau Chevrier „Marraine" (S. 220). Mano wird nur noch „André" genannt. Erziehung zur Pünktlichkeit

***Bericht Auguste Chevrier** (S. 221 f.): Auguste Chevrier erzählt, dass er gerne einen Sohn gehabt hätte. Seine Frau hatte allerdings zwei Fehlgeburten. Chevrier hasst die Deutschen dafür, was sie Mano angetan haben. Chevrier selbst ist Elektrotechniker und hat Spaß daran, Menschen zu unterrichten. Er freut sich, dass Mano bei ihnen viel gelernt hat, und hofft, dass der Junge sich bei ihnen wohlgefühlt hat.* Zeitzeuge Auguste Chevrier

Mano bekommt Ergänzungsunterricht von der Pädagogikstudentin Simone, seinen Namen schreibt sie „André Mannot" (S. 223), was Mano gut gefällt. Simone kommt zweimal in der Woche. In der übrigen Zeit wird er von Frau Chevrier unterrichtet. Dann kommt Mano in die Schule. Gleich am ersten Tag freundet er sich mit Pierre Carron an. Für die Chevriers ist das Lernen wichtiger als die Freundschaft zu Pierre, weshalb es Ärger gibt (S. 224 f.). Die Chevriers haben sehr feste Prinzipien, was Mano stört. Aus Mano wird André Mannot

***Bericht Odile Chevrier** (S. 227 f.): Odile Chevrier ist Chemikerin und häufig ungeduldig, weshalb sie auch nicht mehr unterrichten durf-* Zeitzeugin Odile Chevrier

3.2 Inhaltsangabe

te. Ihr Vater war Offizier im 1. Weltkrieg und starb, als sie vierzehn Jahre alt war. Sie kennt das häufige Umziehen und die damit verbundenen Belastungen für ein Kind. Sie wünscht sich, dass Mano lange bei ihnen bleiben kann und er einen Zugang zur klassischen Musik findet.

Weiterer Suchauftrag

21. März 1946: Johannes Höllenreiner lässt der UNRRA einen weiteren Suchauftrag mit detaillierten Informationen zukommen (S. 229 f.).

Mano mag keine Disziplin

Die Schule strengt Mano sehr an, er leidet unter Kopfschmerz, außerdem schläft er immer noch schlecht. Er sinniert, dass ihn alles müde macht: das Waschen, der Zwang der Pünktlichkeit, das Lernen. Er sagt sich, dass er all das nicht zum Leben braucht und dass es reicht, wenn man frei leben kann und genug Nahrung hat. Er denkt an seinen Vater.

Mano fährt alleine nach Paris

Mano ist allein zu Hause und beschließt zu fliehen. Er nimmt Geld aus Frau Chevriers Geldbörse, geht zum Bahnhof und besteigt einen Zug nach Paris. Am Bahnhof Saint Lazare wird er von Madame Marcheix-Thoumyre erwartet. Sie umarmen sich und Mano schimpft los, dass die Chevriers Läuse hätten und dass er nicht bei ihnen bleiben könne, da er dann auch Läuse bekäme. Madame Marcheix-Thoumyre ruft ihn zur Ordnung und zusammen fahren sie in ihre Wohnung. Dort ruft Madame die Chevriers an, bestätigt Manos Ankunft und vereinbart mit ihnen, dass Mano zwei Wochen bei ihr in Paris bleiben kann. Dann fordert sie Mano auf, sich bei den Chevriers zu entschuldigen. Der Anruf fällt ihm schwer und er ist erleichtert, als er ihn hinter sich hat. Froh ist er, dass er am nächsten Tag nicht in die Schule gehen muss.

Mano erzählt von seinem Vater

Madame Marcheix-Thoumyre und die Chassagnys besuchen mit Mano eine Zirkusvorstellung. Mano ist fasziniert. Als der Dompteur die Manege betritt, erkennt Mano Ähnlichkeiten mit seinem Vater.

3.2 Inhaltsangabe

Er erzählt, dass dieser als Artist beim Zirkus Krone gewesen wäre, genauso wie sein Großvater, und dass sein Vater aus Ungarn käme. Mano wird von Félix Fouquet abgeholt und bleibt einige Tage bei den Fouquets. Auf Wunsch der Chassagnys und Madame Marcheix-Thoumyres soll Mano an der Hochzeit von Geneviève de Gaulle mit Bernard Anthonioz teilnehmen[26]. Zusammen fahren sie nach Bossey nahe der Schweizer Grenze, wo die Hochzeit stattfindet und Mano als Blumenkind fungiert. Beim Festessen kann Mano zeigen, was er an Tischmanieren von Madame Marcheix-Thoumyre gelernt hat, was ihn sehr froh stimmt. Die Braut spricht mit den Gästen und auch mit Mano, dem sie sagt, dass sie über seine Anwesenheit erfreut sei und dass nun ein anderes Leben beginne.

Hochzeitsgast bei Geneviève de Gaulle

Mano ist wieder bei den Chevriers und in der ungeliebten Schule. Er fühlt sich hin und her geschoben. Er geht nur in die Schule, weil dort Pierre ist. Inzwischen darf er einige Wege allein laufen. Einmal verirrt er sich inmitten der Trümmer von Le Havre und wird von Herrn Chevrier gefunden. Er schreibt Madame Fouquet eine Karte mit einem Postschiff als Motiv. Zum Muttertag schreibt Mano an Fifine und bedankt sich bei ihr.

Zurück in Le Havre

Als Belohnung für gute schulische Leistungen bekommt Mano von Auguste Chevrier Briefmarken geschenkt. Zusammen schauen sie sich dann im Atlas die Lage der Herkunftsländer der Marken an, wobei Mano den Umgang mit Karten lernt. Bei einer dieser Gelegenheiten erklärt Herr Chevrier Mano, dass Briefmarken mit dem Aufdruck „Magyar posta" aus Ungarn stammen. Mano will wissen, wo Ungarn und Deutschland liegen. Herr Chevrier schlägt die Deutschlandkarte auf, doch da winkt Mano ab und sagt, dass er von Deutschland nichts wissen will. Herr Chevrier freut sich darüber.

Mano gibt Desinteresse an Deutschland vor

---

26 Dazu siehe Bild 6.

3.2 Inhaltsangabe

Kein Vertrauen in Gebete und Gott

Manos Pflegemutter betet jeden Abend in seinem Beisein. Manchmal beteiligt sich Mano nicht daran, presst die Lippen zusammen und wendet sich von Madame Chevrier ab. Einmal hat er seine Haltung damit erklärt, dass die Kinder im KZ mit ihren Gebeten Gott um Hilfe gerufen hatten, aber keine Hilfe gekommen war.

Reaktion der Mitschüler auf Manos KZ-Erlebnisse

Mano und Pierre werden gute Freunde. Pierre ist sehr sensibel und nimmt Rücksicht auf die plötzlichen Stimmungswechsel Manos. Häufig treffen sie sich zusammen mit anderen Jungen. Sie tauschen Briefmarken oder langweilen sich gemeinsam auf dem Kirchplatz. Einer der Jungen, Christian, sieht Manos Häftlingsnummer auf dessen Arm und will wissen, ob das Tätowieren geschmerzt habe. Mano verneint und lässt Christian seinen Arm berühren. Mano erklärt den Jungen, dass die Gefangenen keine Namen hatten, sondern Nummern, und dass er selbst Nummer 3526 gewesen war. Im Sportunterricht hatten alle Mitschüler die Nummer gesehen, einige hatten ihn darauf angesprochen. Er erklärte ihnen daraufhin die Bedeutung. Einige wenige Schüler fragten, wie es im KZ gewesen war, worauf Mano einsilbig antwortete. Für seine Mitschüler ist Mano, den sie als „André Mannot" kennen, ein Wesen aus einer anderen Welt.

Mano schlägt einen Jungen zusammen

Mano, Pierre und einige andere Jungen treffen sich wieder auf dem Kirchplatz. Ein anderer Junge kommt hinzu, der als streitlustig bekannt ist. Er provoziert Mano mit den Worten, warum ihn die Deutschen eingesperrt hätten, da er selbst ein Deutscher sei. Pierre versucht zu schlichten, doch der Junge provoziert Mano so lange, bis Mano zuschlägt. Der Junge wehrt sich, doch Mano ist ihm überlegen und tritt ihn unaufhörlich. Pierre kann Mano nicht beruhigen. Plötzlich ist Frau Chevrier da und sorgt dafür, dass Mano von dem Jungen ablässt. Sie fordert Mano auf, nach Hause zu gehen. Mano läuft jedoch erst zum Meer und dann nach Hause. Beim Abend-

3.2 Inhaltsangabe

brot muss Mano über den Vorfall genau berichten. Er muss Herrn Chevrier versprechen, sich nicht mehr zu prügeln. Am Abend ruft Madame Marcheix-Thoumyre an.

Madeleine Marcheix-Thoumyre erfährt bei ihrer Arbeit für die Deportiertenhilfe von den Geschehnissen in den KZs. Gerüchte sagen, dass nicht alle Häftlinge mit tätowierten Nummern versehen wurden. Sie erfährt, dass nur in Auschwitz tätowiert wurde. Andere erzählen, dass nur den Häftlingen Nummern eintätowiert wurden, an denen medizinische Experimente durchgeführt wurden.[27] Sie ruft die Chevriers an, erfährt von Manos Rauferei und berichtet, dass an Mano vielleicht medizinische Experimente vorgenommen wurden. Madeleine regt an, Mano regelmäßig ärztlich untersuchen zu lassen.

War Mano ein Opfer von medizinischen Experimenten?

Bericht Pierre Carron *(S. 247 f.): Pierre erzählt, dass er aus einer Familie von Hochseefischern kommt. Sein Vater und Großvater waren mitunter sechs Monate auf See und seine Mutter betete jeden Tag für sie. Die Mutter mochte Mano sehr gern, er war immer willkommen. Pierre vermutet, dass Mano lieber bei ihnen war als bei den Chevriers. Er berichtet, dass Mano, den er ja nur als „André" kannte, sein Freund war und dass er sich ihm unterlegen fühlte, obwohl er der Ältere war. Mano ging sehr nett mit Pierres Schwester Marinette um und Pierre vermutet, dass sie ihn an seine eigene kleine Schwester erinnerte. Pierre erzählt, dass er und seine Freunde den Krieg mit Besatzung und Bombardierung erlebt hatten, aber trotzdem Kinder geblieben sind. Mano sei kein Kind mehr gewesen. Er hätte Furchtbares erlebt und oft habe er, Pierre, mit Scheu auf die tätowierte Häftlingsnummer*

Zeitzeuge Pierre Carron

---

27 Üblicherweise wurden die Häftlingsnummern an der Kleidung angebracht. Nur im KZ Auschwitz wurden Häftlinge auch tätowiert.

3.2 Inhaltsangabe

geschaut. Er und seine Freunde haben sich in Manos Gegenwart naiv und ahnungslos gefühlt.

Mano identifiziert einen SS-Mann

Mano wird auf Veranlassung von Madame Marcheix-Thoumyre von zwei französischen Offizieren in einem Jeep abgeholt. Sie fahren in ein Lager mit deutschen Kriegsgefangenen, wo Mano SS-Männer als solche identifizieren soll. Mano erkennt einen der Gefangenen als SS-Mann. Mano wird mehrmals um Hilfe bei der Identifizierung von SS-Angehörigen gebeten, doch er kann keine weiteren SS-Männer mehr überführen.

Zerrissen zwischen Sehnsucht und Angst

Herr Chevrier unterrichtet Mano in Mathematik, wobei er geduldiger ist als seine Frau. Mano hingegen hat Probleme mit dem Stillsitzen und möchte häufig aufstehen. Darf er das nicht, schaut er entweder aus dem Fenster oder wird so wütend, dass Herr Chevrier nachgibt. Oft kann Mano nicht einschlafen und wird von grauenvollen Erinnerungen übermannt. Dann strengt er sich an zu weinen, damit Frau Chevrier kommt und ihn tröstet. Wenn er an seine Familie denkt und daran, dass vielleicht sein Vater noch lebt und ihn vermisst, weint er echte Tränen. Gerne würde er sagen, dass er aus Deutschland kommt, doch er traut sich nicht – aus Angst, fortgeschickt zu werden. Als er wieder einmal über den Hausaufgaben sitzt, beschreibt er das Löschpapier mit seinem jetzigen Namen André Mannot, dann schreibt er Mano Höllenreiner und dann Johannes Höllenreiner. Monsieur Chevrier kommt hinzu, sieht das Geschriebene und fragt, wer dieser Höllenreiner sei. Mano antwortet, dass er ein Pferdehändler und Freund seines Vaters sei. Die Frage, wo er lebe, beantwortet Mano nicht.

Pierres Mutter schenkt Mano einen Matrosenanzug

Inzwischen hat Mano sich daran gewöhnt, „André" gerufen zu werden. Nur Frau Carron, Pierres Mutter, hat er offenbart, dass sein eigentlicher Vorname Mano lautet. Er ist sehr oft bei den Carrons, wo er bei Frau Carron in der Küche sitzt oder mit Pierre und des-

3.2 Inhaltsangabe

sen Schwester Marinette spielt. Pierre und Mano sprechen über ihre Träume: Pierre möchte ein bekannter Künstler werden, Mano möchte ein Auto wie Madame Marcheix-Thoumyre fahren. Seine Zukunft sind für ihn erst einmal die Sommerferien, die er mit den Fouquets verbringen wird.

Mano geht gerne mit Frau Chevrier zum Fischmarkt und er schaut ihr gerne beim Kochen zu. Er nennt sie eine Meisterköchin. An einem Sonntag unternehmen die Chevriers mit Mano eine Fahrt mit der Fähre nach Caen zu Frau Chevriers Mutter. Frau Chevriers Mutter fragt, ob er gut gelaunt ist („,Est-il de bonne humeur?'", S. 257). Herr Chevrier bejaht. Mano überlegt, ob „de bonne humeur" „Zigeuner" heißen könnte. Er denkt, dass die Zigeuner nicht so sehr gehasst werden wie die Deutschen. Manchmal spielt Mano mit Yvonne, manchmal geht er mit Pierre ans Meer, was ihm sehr gefällt. Für seinen Pflegevater, der häufig fotografiert, posiert Mano in Max-Schmeling-Pose oder lässt sich mit ihm fotografieren (siehe Bildanhang im Buch).

Endlich sind die Sommerferien da. Mano hat ein gutes Zeugnis bekommen und wird von Herrn Chevrier mit einem Satz Briefmarken belohnt. Paul kommt zu Besuch, fühlt sich bei den Chevriers aber unwohl. Fünf Tage sollte er eigentlich bei den Chevriers bleiben, aber bereits am Abend seiner Ankunft bittet Mano Paul inständig, schon am nächsten Tag mit ihm nach Pantin zu fahren. Zunächst sträubt sich Paul, doch beim Frühstück sagt er den Chevriers, dass er wegen eines Wettkampfes nun nur bis zum nächsten Tag bleiben könne. Die Chevriers sind enttäuscht und nutzen den Tag, um ihrem Gast wenigstens Le Havre zu zeigen.

Paul besucht Mano in Le Havre

Am nächsten Tag reisen Mano und Paul nach Pantin zu den Fouquets. Mano ist glücklich und erzählt von seinem Leben in Le Havre. Fifine zeigt Mano und ihrer im Elsass lebenden Nichte Margot Paris. Sie besuchen das Grab Napoleons im Invalidendom und das

Wiedersehen mit den Fouquets

3.2 Inhaltsangabe

Briefwechsel mit den Chevriers

Pantheon. Schließlich fahren sie zum Eiffelturm, wo Fifine Mano zusammen mit Margot und Paul fotografiert (Bild 9).
Mano erreicht ein Brief von Herrn Chevrier mit Schokolade darin und Madame Fouquet antwortet ihm am selben Tag. Sie möchte ins Elsass reisen und Mano mitnehmen, wofür sie in ihrem Brief um Erlaubnis bittet. Die Chevriers erlauben es und Madame Fouquet bedankt sich mit einem weiteren Brief. Sie berichtet darin auch von einem Arztbesuch, bei dem bei Mano vergrößerte Mandeln diagnostiziert wurden, die umgehend von Madame Marcheix-Thoumyres Schwiegersohn entfernt würden. Außerdem bekommt Mano eine Brille. Madame Marcheix-Thoumyre schreibt den Chevriers ebenfalls. Sie berichtet von den ärztlichen Untersuchungen und Manos leicht verkrümmter Wirbelsäule. Sie schreibt den Chevriers, dass die ungarische Botschaft und der Direktor der internationalen Zirkusse bezüglich Mano recherchieren werden. Sie hat Mano in den USA für eine Patenschaft angemeldet und ihn einschreiben lassen bei der Vereinigung der Ehemaligen von Auschwitz, weshalb Mano demnächst von Louis Eudier, dem Vertreter des entsprechenden Departements, in Le Havre besucht werden wird. Sie schließt den Brief damit, dass Mano sie, die Chevriers, verehre und häufig über sie spreche.

Manos Mandel-OP

Mano will nicht ins Krankenhaus zur Mandel-OP. Aber schon kurz nach dem Eingriff kann er wieder nach Hause.

Die Fouquets, Margot und Mano fahren mit der Eisenbahn nach Colmar und von dort nach Ingersheim, wo Frau Fouquet geboren wurde und wo ihre Verwandtschaft noch lebt. Mano lernt sehr viele Menschen kennen. Am Tag nach der Ankunft ist Mano plötzlich verschwunden. Alle suchen ihn und finden ihn schließlich im Pferdestall der Nachbarn. Mano geht häufig dorthin, spielt mit den Tieren oder beobachtet sie. Die Fouquets inklusive Verwandtschaft und Mano sind viel unterwegs und Fifine hält vieles mit

3.2 Inhaltsangabe

dem Foto fest. Mano wird von der Verwandtschaft freundlich aufgenommen.

Als sie einmal in einer Kapelle eine Messe besuchen und der Priester das „Vaterunser" auf Deutsch betet, beginnt Mano zu weinen und läuft hinaus. Fifine möchte wissen, was in ihm vorgeht, und er sagt, dass er das Gebet kenne. Mano klagt über Kopfschmerzen und sagt, dass er sich nun an alles erinnere: Er erzählt, dass sein Vater Johann Fischer heiße und dass sie in München gewohnt hätten. Fifine fragt nach und bittet ihn, sich den Namen zu merken, damit sie ihn später aufschreiben kann. Die Gruppe kehrt zum Hotel zurück. Félix Fouquet fotografiert sie (Bild 11). Mano denkt, dass er es nun sagen müsste, dass seine Eltern vielleicht noch leben. In seinen Augen hat er seinen Vater nicht verraten, da er ja nicht wirklich „Johann Fischer" heißt. Niemand sollte wissen, was sie sind, damit nicht schlecht über sie gedacht und geredet wird. Mano ist ganz in seinen Gedanken verloren. Félix Fouquet holt ihn mit kleinen Scherzen in die Gegenwart zurück. Mano gibt einen Hinweis auf seine Herkunft

Lucienne Knepper informiert die Fouquets über den Tod der Mutter. Daher kehren sie schnell nach Paris zurück. Die tote Frau Fouquet liegt aufgebahrt in ihrer Wohnung, die Trauernden nehmen Abschied von ihr und küssen sie auf die Wangen und die Stirn. Mano erschauert bei diesem Prozedere, doch auch er küsst die tote Frau auf die Stirn und beginnt zu weinen. Mano denkt daran, dass er die Menschen, die in der Nacht gestorben waren, auf einen Karren werfen musste. Irgendwann konnte er nicht mehr über sie weinen (S. 277). Fifines und Luciennes Mutter ist gestorben

Fifine benachrichtigt Madame Marcheix-Thoumyre darüber, dass Mano sich an Johann Fischer und München erinnert hat. Madame Marcheix-Thoumyre sagt Mano, dass sie nach Deutschland fahren wird, um nach den Menschen, die er ihr nennt, zu suchen. Mano trägt ihr auf, in München nach den Gebrüdern Höllen- Madame Marcheix-Thoumyre fährt nach Deutschland

3.2 Inhaltsangabe

Mano wird begutachtet

reiner in der Deisenhofener Straße zu suchen, die Pferdehändler seien.
Vor ihrer Reise initiiert Madame Marcheix-Thoumyre noch Manos Untersuchung. Laut dem abschließenden Gutachten der Professoren wird Mano für einen „ungarischen Transsilvaner" (vgl. S. 280) gehalten. Mano erkennt, dass die Professoren nicht gemerkt haben, dass er eine Mischung aus Romanes und ausgedachten Wörtern gesprochen hat, und dass sie nicht gemerkt haben, dass er Deutscher ist.

Mano will nicht nach Deutschland zurück

Die Chevriers holen Mano bei Madame Marcheix-Thoumyre ab. Sie besuchen gemeinsam eine Operette und kehren dann mit Mano nach Le Havre zurück. Mano freut sich über das Wiedersehen mit den Chevriers und erzählt von seinen Erlebnissen. Er berichtet auch, dass Madame Marcheix-Thoumyre in Deutschland nach seinen Eltern suchen wird. Die Chevriers werden ernst und Mano sagt, dass er nicht mehr nach Deutschland zurück will. In Le Havre nimmt Mano sein altes Leben wieder auf. Er sagt Monsieur Chevrier bei einem Spaziergang, dass er und Odile nun seine Eltern seien.

Die Chassagnys haben die Adoption vorbereitet

Die Chassagnys rufen an und teilen den Chevriers mit, dass sie alle Papiere zur Adoption vorbereitet haben. Bei Manos nächstem Besuch wollen sie mit ihm zum Notar gehen und die Adoption rechtskräftig werden lassen. Mano überlegt, was das bedeutet: Niemals wird er mehr Frankreich verlassen können, wenn er André Chassagny ist. Er realisiert, dass er dann nur noch über seine Häftlingsnummer gefunden werden kann.

Schreiben an die MMFL

Anfang Oktober 1946 bekommt Colonel Sorbac, Chef der MMFL[28] in München, von Madame Marcheix-Thoumyre einen Brief mit Informationen über Manos vermutliche Herkunft und über sein

---

28 MMFL: La Mission Militaire Francaise de Liaison, französische Militärverbindungsmission. Die Militärverbindungsmission war eine von den Siegermächten eingerichtete Armeebehörde, die die Kommunikation untereinander besorgte.

3.2 Inhaltsangabe

derzeitiges Leben in Frankreich (S. 282 ff.). Der Brief schließt mit der Bitte, entsprechende Recherchen einzuleiten.

Mano bekommt, wie von Madame Marcheix-Thoumyre angekündigt, Besuch von Louis Eudier, dem Vorsitzenden der Ehemaligen von Auschwitz. Die beiden ehemaligen Häftlinge zeigen sich die auf ihren Armen tätowierten Nummern und Herr Eudier beruhigt Mano, dass die Zeit der Verbrechen vorbei sei und sie nun frei seien. Mano erzählt von seinen Freunden und den Fouquets sowie von Madame Marcheix-Thoumyre, die Monsieur Eudier eine großartige Frau nennt. Monsieur Eudier kündigt häufige Besuche an und bietet Mano an, ihn anzurufen, wenn er das Bedürfnis danach habe. Er nennt Mano „André" und der Junge sagt, dass er eigentlich „Mano" heiße. Monsieur Eudier fragt ihn, ob er ihn so nennen solle, und Mano antwortet, dass er von seiner Familie „Manelo" genannt worden sei. Dann kämpft er mit den Tränen und sagt zu Herrn Eudier, dass er ihn „André" nennen solle. Nachdem Monsieur Eudier gegangen ist, schaut Mano lange in den Garten.

Colonel P. Sorbac schickt am **11.10.1946** den Brief Madame Marcheix-Thoumyres an Mr. Jean L. Bailly von der UNRRA in München (S. 287).

Monsieur Eudier kommt nun regelmäßig zu Mano. Er lässt Mano viel erzählen und nach seinen Besuchen ist Mano viel ruhiger. Am **23.10.1946** erfährt Mano durch einen Brief von Madame Marcheix-Thoumyre, dass die Chassagnys tödlich verunglückt sind. Madeleine teilt ihm außerdem mit, dass sich Herr Krone vom Zirkus nicht an einen Johann Fischer erinnern kann. Bezüglich der Brüder Höllenreiner war die Suche ergebnislos geblieben. Am nächsten Tag schlägt Monsieur Chevrier seiner Frau vor, Mano zu adoptieren. Frau Chevrier stimmt zu und Mano erklärt, dass er nichts mehr mit Deutschland zu tun haben will. Er fragt sich aber, ob tatsächlich alle Höllenreiners tot sind.

Besuch von einem ehemaligen Auschwitzhäftling

Brief an Jean Bailly

3.2 Inhaltsangabe

Madame Marcheix-Thoumyre möchte Mano adoptieren

Anfang November 1946 besucht Madame Marcheix-Thoumyre Mano und die Chevriers in Le Havre und eröffnet ihnen, dass sie selbst Mano adoptieren will. Madeleine und die Chevriers, die ihrerseits Mano behalten wollen, streiten sich. Sie beschließen, noch einige Recherchen abzuwarten, und dann Mano zu befragen, was er denn möchte.

Manos Eltern wurden gefunden

Jean L. Bailly vom Kindersuchdienst der UNRRA in München verfasst einen Bericht über die Geschehnisse nach dem Erhalt des Suchauftrages von Colonel Sorbac. Eine seiner Mitarbeiterinnen, Tatiana Albova, war es gelungen, in München Kontakt mit den Eltern Manos aufzunehmen. Am **3. Dezember 1946** lässt P. Sorbac Madame Marcheix-Thoumyre ein Schreiben zukommen, in dem er sie darüber informiert, dass Manos Familie gefunden wurde. Weiter bittet er sie, Jean Bailly zu unterstützen, der nach Frankreich kommen wird, um Mano abzuholen. Ebenfalls am **3. Dezember 1946** unterzeichnen Manos Eltern eine Bestätigung, dass sie Manos Eltern sind. Dieses Schreiben ist zugleich eine Ermächtigung, Mano in Frankreich an Jean L. Bailly zu übergeben.

Madame Marcheix-Thoumyre ruft die Chevriers an und teilt ihnen mit, dass Manos Eltern gefunden wurden. Herr Chevrier reagiert skeptisch. Madame Marcheix-Thoumyre sagt es auch Mano. Mano fragt sich, ob sie es wirklich sind und ob er wieder in eine ihm fremde Umgebung muss. Madame Marcheix-Thoumyre erzählt weiter, dass er zu seinen Eltern gebracht werden soll und dass auch seine Schwester Lili noch lebt. Mano kann darauf nichts sagen.

Die Chevriers wollen sich nicht von Mano trennen

Die Chevriers wollen, dass Mano bei ihnen bleibt. Auguste Chevrier erwartet Beweise, dass die Höllenreiners wirklich Manos Eltern sind. Häufig telefonieren sie mit Madame Marcheix-Thoumyre. In dieser Zeit ist Mano oft bei Pierre. Pierres Mutter, der er erzählt hat, dass seine Eltern gefunden wurden und dass er bald gehen wird, freut sich für ihn. Mano dagegen hat Angst, dass er seine Eltern

3.2 Inhaltsangabe

nicht mehr erkennt. Madame Marcheix-Thoumyre und die Fouquets freuen sich ebenfalls für Mano. Monsieur Chevrier fragt Mano, ob er nicht bei ihnen bleiben wolle, was Mano bejaht. Herr Chevrier fordert ihn daraufhin auf, bei der Vorlage der Fotografien seiner Eltern zu sagen, dass sie es nicht sind. Mano will es genauso tun. Die Chevriers und die Carrons bringen Mano zum Bahnhof von Le Havre. Alle außer Herr Chevrier, der mit Mano nach Paris fahren wird, verabschieden sich von ihm. Alle weinen. Mano redet sich ein, dass ihm alles egal ist.

Abschied von Le Havre

In Paris werden sie von Madame Marcheix-Thoumyre, Fifine und Jean Bailly erwartet. Der erkennt Mano aufgrund von Fotografien, die ihm die Höllenreiners mitgegeben hatten, sofort als deren Sohn. Diese Fotografien legt er Mano vor und der erkennt wiederum sofort seine Eltern. Monsieur Bailly stellt Mano Fragen über seine Lageraufenthalte und über seine Familie. Mano beantwortet die Fragen so, dass Jean Bailly zu dem Schluss kommt, tatsächlich Mano Höllenreiner vor sich zu haben. Er lässt von den Anwesenden eine Erklärung unterzeichnen, dass ihm Mano anvertraut wurde, um ihn zu seinen Eltern nach München bringen zu können.

Mano erkennt seine Eltern

Bailly will mit Mano zwei Tage später aufbrechen, Monsieur Chevrier muss aber am selben Tag nach Le Havre zurückfahren. Der Abschied von Mano ist sehr emotional, beide weinen. Mano verspricht seinem Pflegevater, ihn und seine Frau später zu besuchen. In den noch verbleibenden zwei Tagen soll Mano eine Nacht bei den Fouquets verbringen und die letzte Nacht bei Madame Marcheix-Thoumyre. Mano verabschiedet sich auch von den Kneppers. Mit Madeleine kauft er Geschenke für seine Familie. Am Abend vor dem Aufbruch nach München treffen sich die Fouquets, Lucienne Knepper, Jean Bailly und ein Journalist bei Madame Marcheix-Thoumyre und feiern Abschied. Von Félix Fouquet bekommt Mano die Boxhandschuhe geschenkt.

Abschied von seinen Rettern

3.2 Inhaltsangabe

Mano erinnert sich an seine Flucht

Am nächsten Morgen brechen Mano und Jean Bailly nach München auf. Mit ihnen fahren der Journalist Roger Bachet und die Kriegsberichterstatterin Thérèse Bonney. Beide fragen Mano auf der Fahrt nach München aus.
Mano will Frankreich nicht verlassen und fürchtet, dass in Deutschland immer noch die Nazis sind. Durch die Anwesenheit von Monsieur Bailly fühlt er sich aber sicher. Er denkt daran, dass die Franzosen ihn gerettet haben und daran, wie er, seine Cousins und andere Kinder aus einem Zwischenlager entkommen waren, auf SS-Männer stießen, die sich grinsend Häftlingskleider anlegten und die Kinder ziehen ließen. Er erinnert sich an eine weitere Begegnung mit SS-Männern und den Angriff der Russen und den Sprung in einen Wassergraben, um den Angriff zu überleben. Er erinnert sich, dass alle SS-Männer erschossen wurden und dass er und die übrigen Kinder aus dem Wassergraben krochen[29]. Nach 18 Stunden erreicht die Gruppe München. Die Fahrt endet bei der UNRRA. Jean Bailly organisiert Essen, dann ruhen sich die Erschöpften aus.

Zurück in München: Mano und seine Eltern sehen sich wieder

Als es hell wird, schickt Bailly einen Boten mit einem Brief für die Höllenreiners los, in dem sie aufgefordert werden, sich in seinem Büro einzufinden und ihren Sohn in Empfang zu nehmen. Es ist der **13. Dezember 1946**. Die Höllenreiners betreten das Büro und umarmen Mano. Monsieur Bailly erzählt ihnen von Manos Leben in Frankreich und von seinen Rettern. Er gibt ihnen einen Brief von Madame Marcheix-Thoumyre, die die Höllenreiners zu einem solchen Kind beglückwünscht. Sie berichtet über die Bemühungen der Fouquets, der Chevriers und ihre eigenen um Mano, der immer wieder an seine Eltern gedacht habe. Dann gibt sie ihrer Freude darüber Ausdruck, dass er und die Eltern zusammengefun-

---

29 Vgl. Romanbeginn.

3.2 Inhaltsangabe

den haben, und bittet, dass er von Zeit zu Zeit schreiben soll. Die Höllenreiners unterzeichnen eine Erklärung, dass sie ihren Sohn in Empfang genommen haben, und Monsieur Bailly fährt die Familie zu ihrer Wohnung, wo Mano schon von Lili erwartet wird. Am nächsten Tag kommt ein Reporter samt Fotograf, der Bilder schießt. Monsieur Bailly erscheint ebenfalls und überzeugt sich, dass es Mano, der jetzt ein Gemisch aus Französisch und Deutsch spricht, gutgeht. Die Verwandten finden sich ein, so auch seine Cousins Manfred und Hugo Höllenreiner. Sie bringen ihn zum Pferdestall seines Onkels. Dorthin geht er häufig und kümmert sich um die Tiere.

Am **15. Dezember 1946** schreibt Madame Marcheix-Thoumyre einen Brief an Monsieur Chevrier. Darin berichtet sie über das berührende Wiedersehen der Familie Höllenreiner. Die Höllenreiners wollen mit zwölf Artisten nach Frankreich kommen, Mano wird bald eine Schule besuchen. Außerdem berichtet sie, dass Mano ein Medienstar geworden ist: Berichte über ihn stehen in der L'Aube (Bild 19) und in anderen Zeitungen. Außerdem hat er im Radio gesprochen.

Mano wird ein Medienstar

Eine Woche nach dem Wiedersehen richten die Höllenreiners und die UNRRA ein Fest aus (Bild 21). Zu den Gästen gehört General Dwight D. Eisenhower. Eine Sinti-Kapelle spielt, bis zum Morgen wird gefeiert. Wenige Tage später erscheint mit „*Nummer Z-3526* kehrt heim" ein Artikel über Mano in der „Zeitschrift Heute" (Bild 20).

Bericht Lili Höllenreiner *(S. 318 f.): Lili berichtet von der Zeit nach Kriegsende und der Suche nach dem Bruder. Nach seiner Rückkehr zur Familie hatte Mano dann sämtliche Freiheiten. Auch Lili besuchte das Willkommensfest und zeigte sich erstaunt über das Buffet und die vielen Pelzmäntel. Aus Anlass des Festes hatte Frau Höllenreiner für*

Zeitzeugin Lili Höllenreiner

3.2 Inhaltsangabe

sich und Lili ein Seidenkleid nähen lassen. Eine Woche nach diesem Fest fand im Deutschen Theater ein weiteres Fest für Mano statt. Und die Eltern hatten endlich ihre Lebensfreude wiedergefunden und gingen oft aus.

Mano hat Heimweh nach Frankreich

Mano ist traurig bei dem Gedanken, dass er die Fouquets, die Chevriers, die Carrons und Madame Marcheix-Thoumyre vielleicht nie wiedersehen wird. Er hat Heimweh nach Frankreich. Seinen Eltern sagt er, dass er mit ihnen nach Frankreich ziehen wolle und ihm hier die „Gutheit" (S. 320) fehle. Sein Vater will sich um eine Reiserlaubnis kümmern.

Streit zwischen den Geschwistern

Als Lili mit einem kleinen Jungen und Hugo Höllenreiner neben dem Kartoffelschuppen steht, gibt es Ärger mit Mano, der den Jungen schlägt und sagt, dass er seine Schwester in Ruhe lassen soll. Als Lili sagt, dass der Junge nichts getan habe, bekommt auch sie eine Ohrfeige. Lili läuft fort, schlägt den Kopf gegen eine Hauswand und bekommt eine große Beule. Mit dieser Beule geht sie zu ihren Eltern und behauptet, dass Mano sie wegen des kleinen Jungen geschlagen habe. Mano wird ausgeschimpft, was Lili freut. Erst am nächsten Tag sagt sie den Eltern, dass sie sich die Beule selbst zugefügt hatte.

Die Fouquets vermissen Mano

Am **10. Januar 1947** schreibt Madame Fouquet an Monsieur Bailly: Sie bittet um die Weiterleitung eines Briefes sowie von Fotografien an Mano. Außerdem äußert sie ihre Hoffnung, dass die Höllenreiners nach Frankreich kommen werden und sie Mano, den sie sehr vermissen, wiedersehen können. Am **11. Januar 1947** sendet Jean Bailly einen Brief von den Chevriers an die Höllenreiners. Monsieur Chevrier bittet um Fotografien Manos und seiner Familie und um einen Brief.

Korrespondenzen

Mano schreibt am **14. Januar 1947** einen Brief an die Fouquets. Er beklagt sich darin über das deutsche Essen und bedankt sich für

3.2 Inhaltsangabe

die Bilder, die sie ihm geschickt haben. Ebenfalls am **14. Januar 1947** schreibt Johannes Höllenreiner im Namen Manos an die Chevriers. In diesen Brief berichtet er, dass er krank gewesen wäre, dass die Eltern bereits zweimal geschrieben hätten, allerdings nicht über die UNRRA. Er legt dem Brief ein Bild seiner Mutter, seiner Schwester und von ihm bei und bedankt sich für das Gute, dass sie ihm getan haben.

Am **31. Januar 1947** erhalten die Höllenreiners erneut einen Brief von den Chevriers. Johannes Höllenreiner teilt Herrn Chevrier mit, dass Mano Nachhilfestunden bekommt und dass sie vielleicht nach Frankreich reisen werden. Er legt einen Brief von Mano bei. In diesem Brief beantwortet Mano die Fragen Chevriers nach seiner Gesundheit und seinem Leben in Deutschland.

Am **22.4.1947** stellt das Deutsche Rote Kreuz den Suchauftrag mit der Bemerkung, dass das Kind gefunden wurde, ein.

3.3 Aufbau

3.3 Aufbau

ZUSAMMEN-FASSUNG

Mano. Der Junge, der nicht wusste, wo er war umfasst zwei gestaltende Ebenen: Die Textoberfläche (verdeutlicht durch die verschiedenen Schriftarten) und das erzählte Geschehen (Handlungszeit und Handlungsort/die Handlung).

Die Textoberfläche

Mano: innerer Monolog

Zur Textoberfläche des Romans gehören vier unterschiedliche Schriftarten. Es erscheinen, abgesehen vom eigentlichen Erzähltext mitsamt der Zeitzeugenberichte, drei weitere Schriftarten. Diese unterschiedlichen Schriftarten kennzeichnen zwei unterschiedliche Textsorten sowie die literarische **Darbietungsweise des inneren Monologs**[30]. Der innere Monolog erscheint eingerückt und in schmalerer Schriftart, er offenbart dem Leser Manos Denken und Fühlen. Das Verhalten Manos und seine Handlungen sind so für den Leser nachvollziehbar; sei es, dass Mano aus Angst vor einem Gang aus dem Fenster uriniert (S. 73) oder aus Angst vor dem Deutschenhass seine Herkunft verschweigt (S. 80). **Der innere Monolog hat hier also eine erklärende Funktion**.

Historische Dokumente

Des Weiteren findet sich die **Textsorte der historischen Dokumente**, die hier dargestellt wird wie auf einer mechanischen Schreibmaschine getippt. Bei ihnen handelt es sich um Dokumente der UNRRA (vgl. S. 147 f. oder S. 219), des Bayerischen Roten Kreuzes (S. 162 f.), um von Johannes Höllenreiner initiierte Suchaufträge (S. 199, S. 229 f.), um einen Briefwechsel zwischen dem Hilfsdienst für Verschleppte und Paul Sorbac, Chef der Französischen Verbin-

---

30 Dazu siehe Kapitel 3.6 Stil und Sprache, Erzählform und Erzählverhalten.

3.3 Aufbau

dungsmission, (S. 293–298), Bestätigungen und Erklärungen der Höllenreiners (S. 299 f., 310), Briefe von Jean L. Baillys bzw. an ihn (293 ff.). Diese Dokumente repräsentieren die Suche nach Franz-Josef „Mano" Höllenreiner und den Verlauf des Geschehens, nachdem er gefunden worden war. Diese historischen Dokumente stehen wie Fremdkörper im Erzähltext, doch auch sie haben einen die Handlung **erklärenden Charakter**, so lässt sich durch ihre Lektüre nachvollziehen, wie Franz-Josef „Mano" Höllenreiner zurück zu seiner Familie gelangen konnte.

Eine weitere, in Kursivschrift gesetzte Textsorte sind **Briefe mehr oder weniger privater Natur**, die zwischen Mano und den Fouquets gewechselt wurden (S. 240, S. 323), zwischen den Fouquets und den Chevriers (S. 264–266), den Chevriers und Madeleine Marcheix-Thoumyre (S. 267–269, S. 289), zwischen Madeleine Marcheix-Thoumyre und dem Ehepaar Höllenreiner (S. 311 f.), zwischen Félix Fouquet und Jean Bailly (S. 321) und zwischen Mano Höllenreiner und den Chevriers (S. 324).

Außerdem gibt es noch einen Brief von Madeleine Marcheix-Thoumyre an die Chevriers (S. 315). Gemäß der Typografie gehört er in die Kategorie der historischen Dokumente, stilistisch gehört er aber zur Kategorie private Korrespondenz. Die Briefe haben ebenfalls eine **erklärende Funktion**, außerdem schließen sie den Roman ab – so die Briefe von dem inzwischen wieder bei seiner Familie lebenden Mano an seine Retter in Frankreich. Diese Textsorten mit ihrer unterschiedlichen Typografie stehen also mit dem erzählten Geschehen in Zusammenhang.

Briefwechsel: private Korrespondenz

3.3 Aufbau

KONSTITUIERTER TEXT AUS:

Das Erzählte mit innerem Monolog
(Manos Reise nach Frankreich, Aufenthalt in Frankreich und Rückkehr)

Private Korrespondenz
(z. B. zwischen Mano und den Pflegeeltern)

Historische Dokumente
(Suchaufträge etc.)

| Zeitzeugenberichte |
- Fifine (S. 38 f.)
- Paul (S. 56)
- Félix Fouquet (S. 187 f.)
- Auguste Chevrier (S. 221 f.)
- Odile Chevrier (S. 227 f.)
- Pierre Carron (S. 247 f.)
- Lili Höllenreiner (S. 318 f.)

3.3 Aufbau

Das erzählte Geschehen

Zum erzählten Geschehen gehören Handlungszeit, Handlungsort und die Handlung selbst. Die **erzählte Zeit**[31] umfasst den Zeitraum von **April/Mai 1945 bis zum Dezember 1946/Januar 1947**. Die wichtigsten Handlungsorte sind Paris und das Umland sowie Le Havre und München.

Im Zentrum des Geschehens steht Mano. Um ihn herum tauchen mit den Fouquets, Madame Marcheix-Thoumyre, den Chassagnys und den Chevriers[32] Personen bzw. Figuren auf, die den Verlauf der Handlung mitbestimmen und in Verbindung miteinander agieren, so dass sich Handlungsverläufe miteinander vernetzen. In die Handlung eingeflochten sind **Zeitzeugenberichte** (S. 38 f., S. 56 f., S. 187 f., S. 221 f., S. 227 f., S. 247 und S. 318). Sie heben sich insofern vom Textganzen ab, als in der Ich-Form erzählt wird und so ein **Text im Text** konstituiert wird. Repräsentativ dafür soll hier Pierre Carrons Bericht über Mano Höllenreiner sein, der dem Leser vor Augen führt, was er durchgemacht haben muss (vgl. S. 247). Diese Zeitzeugenberichte **kommentieren das Geschehen aus einer zeitlichen Distanz**.

Handlungszeit und Handlungsort

Zeitzeugenberichte aus der zeitlichen Distanz

---

31 Die erzählte Zeit ist die fiktive Zeitspanne. Die Erzählzeit ist die reale Zeitspanne, die der Leser zur Lektüre des Erzähltextes braucht.
32 Um nur die für Mano zentralen Personen zu nennen. Vgl. auch Kapitel 3.4.

3.3 Aufbau

Die Handlung selbst lässt sich in drei Phasen einteilen:

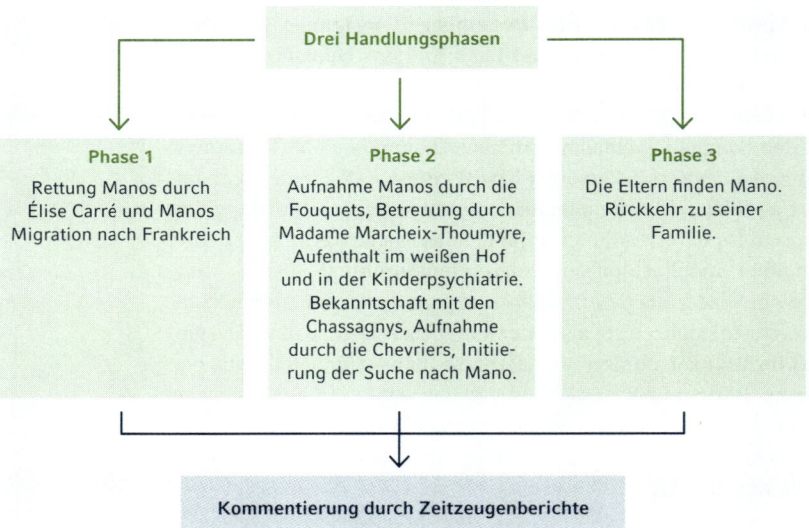

Der Roman enthält zudem einen fotografischen Teil.[33]

---

[33] Zu den Fotografien siehe Anmerkungen im Roman selbst (S. 328 ff.).

3.4 Personenkonstellation und Charakteristiken

Franz-Josef „Mano" Höllenreiner
→ 11-jähriger Sinto mit ungarischen Vorfahren
→ überlebt den Todesmarsch des KZs Sachsenhausen, wird von Franzosen gerettet und nach Frankreich mitgenommen

Manos französische Retter:
Élise Carré
→ frz. Flüchtling, die Mano in Deutschland das Leben rettet
→ impft ihm die Angst vor der Preisgabe seiner Herkunft ein

Familie Fouquet (Joséphine/Fifine, Félix und Paul)
→ nimmt Mano auf
→ kümmert sich liebevoll um ihn

Madeleine Marcheix-Thoumyre (Tante Maxdex)
→ Résistance-Aktivistin
→ hilft Mano, seine Eltern wiederzufinden

Paulette und Pierre Chassagny
→ wollen Mano adoptieren
→ verunglücken tödlich

Odile und Auguste Chevrier
→ kümmern sich um Manos Bildung
→ wollen sich nicht von ihm trennen

ZUSAMMEN-
FASSUNG

3.4 Personenkonstellation und Charakteristiken

Lucienne und André Knepper
→ Verwandte der Fouquets

Manos Familie (Johannes, Margarete und Lili Höllenreiner)
→ überleben die Lagerhaft
→ lassen von München aus nach Mano suchen

Franz-Josef „Mano" Höllenreiner

Tierlieber Sinto

Franz-Josef „Mano"[34] wurde am 19.10.1933 als Sohn der Sinti Margarete und Johannes Höllenreiner im westfälischen Hagen geboren. Die Eltern arbeiten in einem Zirkus und **so wächst Mano mit Tieren auf, die er sehr liebt**, besonders Elefanten (S. 295). Er liebt Tiere so sehr, dass er um die erschossenen Hunde weint, die er nach seiner Rettung durch die französischen Heimkehrer auf der Straße liegen sieht (S. 22). In Situationen größter Einsamkeit und Angst hält er Zwiesprache mit einer Amsel[35], der er seinen Kummer erzählen kann (S. 88).

Boxen wie Max Schmeling

Manos Idol ist der deutsche Boxer Max Schmeling. Wie er will er werden und dass er das durchaus ernst meint, zeigt der Hieb auf die Nase Paul Fouquets (S. 137). Sein großes Vorbild ist sein Vater, von dem er den Umgang mit Tieren lernt und der ihm das Geigenspiel beibringen will (S. 295). Lesen und Schreiben lernt Mano nicht (vgl. S. 143).

Kommt von Auschwitz nach Ravensbrück und Sachsenhausen

Unter den Nazis wird das Leben der Familie Höllenreiner zur Hölle. Mano ist neun Jahre alt, als er 1942 mit seinen Eltern und der

---

34 Diese Person ist identisch mit Hermann Höllenreiner (*1933).
35 Vgl. Kapitel 3.6, S. 100.

3.4 Personenkonstellation und Charakteristiken

1936 geborenen Schwester Lili in das **Zigeunerlager nach Auschwitz** kommt. Dort wird er zur Nummer „Z-3526" degradiert, die man ihm in den Arm tätowiert (Bild 7). Aus dem Buch geht nicht hervor, ob er ein Opfer Josef Mengeles wurde[36]. Klar ist aber, dass er im September 1943 mit seiner Familie in das **KZ Ravensbrück** verbracht wurde (S. 295). Dort bleibt er mit seiner Familie bis Mai 1945 eingesperrt und kommt dann mit den Eltern und Lili in das **KZ Sachsenhausen** (S. 295). Dort entgeht er der Sterilisation nur, weil er sich drei Tage versteckt (S. 112). Seinem Vater gelingt dies nicht. Als Mano ihm und den anderen Verletzten, die unter Schmerzen leiden, einen 20l-Eimer mit Pudding stiehlt, wird er drakonisch bestraft (S. 113 f.) – behält aber sein Leben. Auch in Sachsenhausen erlebt das Kind Furchtbares (S. 89) und der Horror setzt sich fort mit dem Todesmarsch aus dem KZ Sachsenhausen Richtung Norden.[37]

„Z": Zigeuner

Als der inzwischen Elfjährige schließlich **von Élise Carré gerettet** wird, ist Mano seelisch und körperlich am Ende. Nur noch auf Überleben ausgerichtet, verlässt er sich wie ein Tier auf seine Sinne und Instinkte („ihre Stimmen klingen nicht gefährlich" S. 64) und isst auch wie ein wildes Tier aus Angst, nicht satt zu werden (S. 33). Erst durch Madeleine Marcheix-Thoumyre lernt er, dass er keine Angst mehr vor Hunger haben muss (S. 176). Seine **Unruhe** nach einer eingenommenen Mahlzeit wird Mano jedoch nie verlieren.

Am Ende

Manos körperliche Verfassung nach dem Krieg ist furchtbar (S. 40, S. 44), seine psychische Verfassung nicht minder. Eklatant ist seine **Angst vor der Dunkelheit** („Im Dunkeln weinte Mano wieder,

Angst

---

36 In einem Zeitungsartikel erzählt er nur, dass er „Stiefelputzer Mengeles" war. Vgl. https://www.abendzeitung-muenchen.de/inhalt.muenchen-z-3526-sucht-seine-eltern.314920ce-eaab-4f94-aaa1-10a5e1dc7e59.html
37 Dazu siehe Kapitel 6 Prüfungsaufgaben, Aufgabe 3.

3.4 Personenkonstellation und Charakteristiken

	im Dunklen hatte er immer Angst vor dem Tod." S. 115; oder S. 119). Auch das Alleinsein macht ihm schwer zu schaffen, so kriecht er in der ersten Nacht bei den Fouquets zu Paul ins Bett (S. 36). Dieses Verhaltensmuster zeigt er später bei Madeleine Marcheix-Thoumyre (S. 171) und auch bei den Chevriers fällt es ihm schwer, allein in seinem Bett liegen zu müssen.
Traumatisiert	Zudem hat Mano als Folge seiner KZ-Erlebnisse große **Angst vor dem Eingesperrtsein und ärztlichen Untersuchungen**. Es ist furchtbar für ihn, in die Kinderpsychiatrie zu müssen, wo er von einem Pfleger gequält und von den Ärzten mit Elektroschocks traktiert wird, die nicht ohne Folgen bleiben (S. 132). Dabei weiß Mano sehr genau, dass er nicht krank ist (S. 117). Als er begreift, dass ihm dieses Wissen nichts nützt, versucht er auszureißen. Nicht umsonst **assoziiert Mano die Klinik mit einem KZ** (S. 117). In der Klinik und auch im weißen Hof uriniert er aus dem Fenster bzw. verrichtet seine Notdurft im Garten aus Angst vor plötzlich auftauchenden SS-Männern, die ihn töten wollen (S. 82 f.).
Vertrauensverhältnis zu den Fouquets	Erste **Sicherheit findet Mano bei der Familie Fouquet**, die er langsam lieben lernt und an der er schließlich sehr hängt. Vor allem Paul Fouquet, dem Sohn, vertraut er sehr und während seines Aufenthaltes im Waisenhaus sehnt er sich nach ihm (S. 161). Bei den Fouquets würde er gern bleiben und es ist schrecklich für ihn, dass er sie für einige Wochen verlassen und im weißen Hof leben soll (S. 63). Als die Fouquets aus Spaß Pauls und Manos zukünftiges Leben entwerfen, rastet er aus (S. 109). **Auf Ortswechsel reagiert der Elfjährige mit Verlustängsten** (S. 64, S. 110, S. 139, S. 208).

Seine größte Angst ist jedoch die, als Deutscher erkannt zu werden. Er sieht, wie sehr die Franzosen die Deutschen nach dem Krieg hassen und auch Élises eindringliche Worte hat er nicht vergessen. Diese Angst und die gleichzeitige Sehnsucht nach seinen Eltern

3.4 Personenkonstellation und Charakteristiken

zusammen mit der Ungewissheit, ob aus seiner Familie überhaupt noch jemand lebt, zerreißen Mano beinahe.[38] Mano hat **Angst vor den französischen Kindern** (S. 70), von denen er sich bedroht fühlt und von denen er als Deutscher erkannt und beschimpft wird. Wenn er ihre Provokationen nicht mehr ertragen kann, schlägt er brutal zu. Das ist im weißen Hof so, im Waisenhaus und später in Le Havre. Überhaupt scheint es manchmal, als wäre Gewalt eine Option für ihn: So schlägt er, als er wieder bei seiner Familie in München lebt, grundlos einen Jungen (S. 320) und seine Schwester Lili.

Reagiert auf Provokation mit Gewalt

Dass Mano auch eine andere, charmante Seite hat, zeigt sich, als er bei **Madeleine Marcheix-Thoumyre** lebt, der er zu vertrauen lernt (S. 97) und bei der er ein Verhalten an den Tag legt, das ihre Freundinnen entzückt (S. 178). Mano gefällt das Leben bei ihr. Auch bei den **Chassagnys**, die eine Yacht haben, auf der er sich sehr selbstbewusst als Kapitän sieht (S. 189), fühlt er sich wohl – vor allem, weil sie ihm kaum Vorschriften machen und ihn gerne adoptieren würden.

Charmant, aber eigenwillig

Anders sieht es bei den Chevriers in Le Havre aus, die ihn mit harter Hand führen, und entsprechend unwillig reagiert er auf diese. **Er mag weder Ordnung noch Disziplin** (S. 230) und flieht zu Madame Marcheix-Thoumyre. Ihr gegenüber beschimpft er die Chevriers wüst. Es fällt ihm schwer, sich bei dem Ehepaar Chevrier zu entschuldigen und so Verantwortung für sein Handeln zu übernehmen (S. 233). Mit der Zeit – und mit Unterstützung von Pierre – lernt Mano aber schließlich die Chevriers zu mögen und **wird ein guter Schüler**. Er lebt endlich in geordneten Verhältnissen mit Menschen, die ihn lieben und sich um ihn kümmern. Er hat sich in Frankreich eingerichtet.

---

38 Dazu siehe Kapitel 6 Prüfungsaufgaben, Aufgabe 2.

3.4 Personenkonstellation und Charakteristiken

Ambivalente Reaktion auf das Auffinden der Eltern

Entsprechend verhalten fällt zuerst seine Reaktion auf die Nachricht aus, dass seine Eltern gefunden wurden (S. 301). Er stimmt zu, als Auguste Chevrier ihm vorschlägt, seine Eltern zu verleugnen und bei ihnen in Le Havre zu bleiben (S. 302). Natürlich hält er diese Haltung nicht durch. Kurz vor der Abreise nach Deutschland überkommt ihn noch einmal diese **Ambivalenz**: Er will die Menschen, die sich so liebevoll um ihn gekümmert haben, und Frankreich selbst gar nicht verlassen (S. 307). Auch auf dem Fest, das die Eltern anlässlich seiner Rückkehr geben, wirkt Mano eher eingeschüchtert denn glücklich (Bild 21). Seine Eltern überschütten ihn in der Folge mit Liebe, trotzdem hat Mano **Heimweh nach Frankreich** und seinen französischen Rettern und Freunden, deren „Gutheit" (S. 320) ihm fehlt. In der Folge führt Mano noch eine Korrespondenz mit seinen französischen Freunden, die dann jedoch einschläft.

Manos französische Retter

Élise Carré

Manos Lebensretterin

Élise Carré rettet Mano das Leben. Aus Marseille stammend, wurde sie während des Krieges von den deutschen Besatzern verhaftet und **nach Deutschland deportiert**[39]. Nach Kriegsende schließt sie sich einem Treck ehemaliger französischer Häftlinge an, die nach Frankreich zurückkehren. Auf dem Weg dorthin findet sie das zusammengebrochene Kind und nimmt es mit Richtung Frankreich (S. 16 ff). Damit es bei der Einreise nach Frankreich keine Schwierigkeiten gibt, schärft sie ihm ein, seine deutsche Herkunft zu verschweigen:

---

[39] Vgl. auch Kapitel 5 Materialien, Die Besetzung Frankreichs 1940–1944, S. 119 ff.

3.4 Personenkonstellation und Charakteristiken

„,Du darfst nicht sagen, du bist deutsch', sagte die Frau. ,Du darfst nicht Deutsch sprechen. Sie mögen keine Deutschen. Verstehst du? Nicht Deutsch sprechen. Gar nichts sagen. Sonst kannst du nicht mit. Sonst müssen wir dich hierlassen.'" (S. 19)

Damit implementiert sie eine große, beinahe **schicksalhafte Angst** in Mano, der für lange Zeit seine Herkunft nicht preisgeben wird. Auf dem Weg nach Frankreich kümmert sie sich liebevoll um das Kind. In Paris angekommen, bringt sie Mano zu Joséphine Fouquet von der Deportiertenhilfe, da sie selbst nach Marseille weiterreisen will, um dort ihre Familie zu suchen.

Impft ihm die Angst vor der Preisgabe seiner Herkunft ein

Familie Fouquet

Zur Familie Fouquet gehören **Joséphine Fouquet** (Bild 11), die später von Mano „Tante Fifine" genannt wird, ihr Mann Félix und der gemeinsame Sohn Paul (Bilder 5, 9, 11 und 22). Die Familie Fouquet ist eine sogenannte Arbeiterfamilie, **Félix Fouquet** ist Schmied. Während der deutschen Besatzung wird er nicht zum Militär eingezogen, weil er in einem kriegswichtigen Betrieb arbeitet. Er mag die Deutschen nicht und engagiert sich in der Résistance: Er versteckt mit seiner Frau zwei Jahre lang Franzosen, die zur Zwangsarbeit nach Deutschland deportiert werden sollen, und verhilft ihnen zur Flucht (S. 187). Später bringt er Mano das Mühlespiel bei und schenkt ihm Boxhandschuhe (S. 136).

In der Résistance engagiert

Wie sein Vater will auch **Paul** später Handwerker werden, doch zunächst einmal steckt er seinen Ehrgeiz in den Schwimmsport und trainiert für Wettkämpfe. Um Mano kümmert er sich rührend: „Paul nahm Mano überallhin mit. Zum Baguetteholen, zum Herumspazieren und auch ins Schwimmbad, wo Paul im Schwimmverein war." (S. 49 f.) Auf seine Veranlassung lernt Mano schwimmen. Später, als Paul Manos Interesse für Vögel bemerkt, schenkt er ihm sein Fern-

Nimmt Mano liebevoll in die Familie auf

3.4 Personenkonstellation und Charakteristiken

glas (S. 98). Als Mano in der Kinderpsychiatrie ist, besucht er ihn häufig und versucht ihm Kraft zu geben: „Paul tröstete Mano, malte ihm aus, was sie dann alles zusammen tun würden. Ins Schwimmbad, herumspazieren, bei seinen Freunden Briefmarken tauschen." (S. 123) Als Mano später bei den Chevriers lebt, besucht Paul ihn auch dort. Über die Wirkung Pauls auf Mano heißt es: „Paul war wie eine Medizin für ihn, in seiner Nähe wurde Mano ruhiger." (S. 61)

Pauls Mutter **Joséphine „Fifine" Fouquet** arbeitet bei der Empfangsstation für die Gefangenen und Deportierten in Paris. Dorthin wird Mano von Élise Carré gebracht und von dort nimmt Joséphine Fouquet ihn mit nach Hause und ganz selbstverständlich in ihre Familie auf (S. 29).

Ersatzmutter Fifine

Sie weiß, was es bedeutet, ohne Eltern leben zu müssen (S. 38), und begegnet Mano mit viel Liebe und Verständnis. Sie muss viele Kämpfe mit dem traumatisierten Kind durchstehen (vgl. S. 62) und angesichts seiner psychischen Verfassung und seiner Heimatlosigkeit holt sie sich Rat bei Madeleine Marcheix-Thoumyre, die Manos Leben fortan ordnet und organisiert. Für die Fouquets bedeuten das vorübergehende Abschiede von Mano, doch sie lassen den Kontakt zu ihm nie abreißen. Sie besuchen ihn im Ferienlager (S. 90–94) und später in der Kinderpsychiatrie. Ihn dort zu lassen, fällt ihnen besonders schwer, und Félix Fouquet erfasst die Zustände dort ganz richtig (S. 117). Nachdem sie von der Elektroschockbehandlung erfahren haben, will Frau Fouquet, dass Mano die Klinik umgehend verlässt (S. 133).

Kontakt reißt nach Heimkehr ab

Als Mano später schon bei den Chevriers lebt, verbringt er die Ferien bei den Fouquets. Erste Hinweise Manos auf seine Herkunft (Verwandtenbesuch im Elsass) gibt Fifine umgehend an Madeleine Marcheix-Thoumyre weiter und leistet so einen wichtigen **Beitrag zum Auffinden von Manos Eltern**. Sie freuen sich aufrichtig mit Mano, als Manos Eltern schließlich gefunden werden (S. 306). Am

3.4 Personenkonstellation und Charakteristiken

vorletzten Abend in Frankreich übernachtet Mano noch einmal bei ihnen. Am Tag seiner Abreise nach Deutschland nimmt Joséphine die erste Métro, um ihn noch einmal zu sehen (S. 307). Die Fouquets vermissen Mano sehr. Sie schreiben einander, doch der Kontakt reißt später ab. Im September 2007 treffen sich Paul Fouquet und Franz-Josef „Mano" Höllenreiner im elsässischen Ingersheim. Anja Tuckermann hatte durch die Recherchen zu ihrem Roman *Mano* den Kontakt wieder hergestellt.

Madeleine Marcheix-Thoumyre

„Da hast du Glück, dass du an diese großartige Frau geraten bist. Sie arbeitet unermüdlich und kann Himmel und Erde bewegen, wenn sie für ihre Schützlinge etwas erreichen möchte.'" (S. 285)

Mit diesen Worten charakterisiert Louis Eudier, der Vorsitzende der Ehemaligen von Auschwitz, Madeleine Marcheix-Thoumyre. Sie ist in der Tat großartig. Ihre Fotografie (Bild 12) zeigt eine **Frau mit klaren Gesichtszügen**, die sich mit Sicherheit durchzusetzen weiß. Neben ihrer Entschiedenheit besticht sie durch einen hellwachen Verstand, wie sie u. a. in dem Brief an Colonel Sorbac zeigt, in dem sie eventuelle Betrugsabsichten von Herrn Krone zum Nachteil von Franz-Josef „Mano" Höllenreiner formuliert (S. 284).

<small>Durchsetzungsfähig und intelligent</small>

Die sehr wohlhabende Madeleine Marcheix-Thoumyre hat eine Tochter namens Huguette. Deren Ehemann ist Arzt und entfernt Mano später die Mandeln. Madeleine hat einen Lebensgefährten namens Jean Michel, der ein Zimmer in ihrer Villa bewohnt und ihr nach dem Tod ihrer Freunde Pierre und Paulette Chassagny sehr hilft (S. 290).

<small>Wohlhabend und kultiviert</small>

Die schicke und kultivierte Madame Marcheix-Thoumyre oder „Madame Maxdex", wie sie von dem kleinen Höllenreiner genannt

3.4 Personenkonstellation und Charakteristiken

wird, **unterstützte während der deutschen Besetzung Frankreichs die in England ansässige Exilregierung Charles de Gaulles**:

> „Madame Marcheix-Thoumyre hatte die Offiziere immer so eingeladen, dass sie direkt nach dem Dienst zu ihr kommen mussten, dann hatten sie ihre Aktentaschen noch dabei. Die stellten sie im Korridor ab, und während Madame Marcheix-Thoumyre sie gut bewirtete, öffneten andere die Aktentaschen und fotografierten die Dokumente darin." (S. 179)

Résistance-Aktivistin

Außerdem versteckte sie den von den Nazis gesuchten späteren Abgeordneten Jacques Vendroux und Marie-Agnès de Gaulle, die Schwester General de Gaulles. Zu ihren Freundinnen gehören u. a. Geneviève de Gaulle und die legendäre Lucie Aubrac (vgl. S. 181 ff.). Einmal gibt sie einen Empfang für einen hohen Résistance-Funktionär (S. 184).

Mit ihrer Freundin Paulette Chassagny hat Madeleine Marcheix-Thoumyre den **Bund freier Französinnen mit angeschlossenem Hilfsdienst für Deportierte gegründet**, den sie leitet. In dieser Eigenschaft wird sie von Joséphine Fouquet um Unterstützung im Fall Mano Höllenreiner gebeten. Madeleine Marcheix-Thoumyre geht ganz pragmatisch vor: „Jetzt sei der Junge hier in Frankreich, jetzt müssten erst einmal Gesundheit und ein geregeltes Leben her, alles Weitere könne man anschließend unternehmen." (S. 61)

Übernimmt Verantwortung für Mano

Zur Erholung lässt Madeleine Mano in ein Ferienlager bringen, später veranlasst sie seinen Aufenthalt in der Kinderpsychiatrie. Als sich die Klinik als reiner Horror herausstellt, holt sie ihn dort heraus und lässt ihn in eine Art Waisenhaus bringen. Dann initiiert sie Manos Adoption durch das Ehepaar Cassagny und lässt ihn erst einmal bei sich in Paris wohnen. **Dort kultiviert sie den Jungen**, von dem sie bald „Tantine" (S. 174) oder „Tante Maxdex" (S. 174)

3.4 Personenkonstellation und Charakteristiken

genannt wird, kleidet ihn neu ein, bringt ihm Tischsitten bei und gutes Benehmen. Außerdem lässt sie ihn ärztlich untersuchen (S. 265, S. 268). Später, nachdem die Chassagnys tödlich verunglückt sind, will sie selbst Mano adoptieren und streitet sich deshalb mit dem Ehepaar Chevrier (S. 292), das sie zusammen mit den Cassagnys ausgesucht hatte, um Mano eine gute Schulbildung zukommen zu lassen.

Während sie dafür sorgt, dass Mano in Frankreich ein gutes und geregeltes Leben führen kann, versucht sie parallel dazu, seine Familie zu finden, wofür sie u. a. sogar nach Deutschland reist. Ihr an Colonel Sorbac gerichteter Brief vom 2. Oktober 1946, in dem sie ihn um Unterstützung bittet (S. 282—284), trägt schließlich dazu bei, dass Manos in München lebende Familie gefunden wird. Madeleine Marcheix-Thoumyre nimmt aufgrund dieser Tatsachen eine **Schlüsselstellung in Manos Leben** ein.

<small>Enge Vertraute für Mano</small>

Paulette und Pierre Chassagny

Paulette und Pierre Chassagny sind „sehr enge Freunde" (S. 165) von Madeleine Marcheix-Thoumyre und Paulette hat zusammen mit ihr den „Hilfsdienst für Verschleppte" gegründet. Die sehr wohlhabenden Chassagnys sind kinderlos und wollen Mano adoptieren. Sie können ihm nicht nur finanziell viel bieten (vgl. S. 189). Pierre möchte, dass Mano die Kadettenschule in Le Havre besucht und Marineoffizier wird (S. 203), und initiiert zusammen mit Madeleine Marcheix-Thoumyre Manos Umzug zu dem in Le Havre lebenden Lehrerehepaar Chevrier, das Mano eine gute Schulbildung vermitteln soll (S. 203).

<small>Wollen Mano adoptieren</small>

Die Chassagnys hätten Mano ein sicheres Leben bieten können, doch die Adoption kann nicht vollzogen werden. Bei einem ihrer Segelausflüge kollidiert die Yacht der Chassagnys mit einem Dampfer, beide kommen dabei ums Leben (S. 290).

<small>Verunglücken tödlich</small>

3.4 Personenkonstellation und Charakteristiken

Odile und Auguste Chevrier

Sollen für Manos Schulbildung sorgen

Odile und Auguste Chevrier (Bild 8) sind ein kinderloses Ehepaar und leben in Le Havre, wo sie eines der wenigen nicht zerstörten Häuser bewohnen. Von Madeleine Marcheix-Thoumyre und den Chassagnys sind sie gebeten worden, die **Patenschaft für Mano** zu übernehmen und ihm eine gute Schulbildung zu sichern – inklusive Nachhilfeunterricht, damit er später die Kadettenschule in Le Havre besuchen kann. „Die Chevriers waren streng", heißt es über sie (S. 224). In der Tat nehmen sie ihre Aufgabe sehr ernst, doch die studierte Chemikerin **Odile Chevrier** ist als Lehrerin überfordert.

Ungeduldig-liebevolle Odile Chevrier

Sie neigt zu extremer Ungeduld und damit kann Mano nicht umgehen (S. 227). Überhaupt scheint Madame Chevrier, die „immer mit kurzen trippelnden Schritten" (S. 209) geht, sehr nervös zu sein, denn auch bei Tisch zeigt sie sich seltsam unruhig (S. 210). Sie legt größten Wert auf **Manos Sauberkeit** und lässt es sich nicht nehmen, ihn selbst einzuseifen (S. 214). Nichtsdestotrotz ist sie eine gute Köchin, was Mano sehr zu schätzen weiß (S. 255). Und sie tröstet ihn liebevoll, wenn er abends im Bett um sich und seine Familie weint (S. 218).

Kettenrauchender geduldiger Auguste Chevrier

Auguste Chevrier ist studierter Elektrotechniker, Liebhaber klassischer Musik und Kettenraucher. „Qualmte keine Zigarette zwischen seinen Fingern oder Lippen, dann auf dem Esstisch. Die Brandflecken darauf gab es überall dort, wo Monsieur Chevrier eine brennende Zigarette hingelegt und vergessen hatte." (S. 209) Als Lehrer ist er geduldiger als seine Frau (S. 250) und mit viel Sachverstand erklärt er Mano das Phänomen Ebbe und Flut und führt ihn in die Krabbenfischerei ein. Außerdem betreibt er mit Mano die Philatelie[40] (S. 240 f.).

---

[40] Briefmarkensammeln.

3.4 Personenkonstellation und Charakteristiken

Im Umgang mit Mano, der für sie André Mannot heißt und mit dem sie fast ausschließlich Französisch sprechen, legen die Chevriers größten **Wert auf Disziplin und Pünktlichkeit** (S. 220). Diese Eigenschaften treiben Mano zur Flucht zu Madame Marcheix-Thoumyre nach Paris. Diesen Schritt verzeihen die Chevriers großmütig und tatsächlich gelingt es ihnen, aus Mano einen guten Schüler zu machen. Sie lieben Mano (S. 281) und nach dem Unfalltod der Chassagnys beschließen sie, Mano selbst zu adoptieren (S. 291). Darüber geraten sie in Streit mit Madame Marcheix-Thoumyre, die Mano ebenfalls adoptieren möchte (S. 292). Vor allem Auguste Chevrier, der sich immer einen Sohn gewünscht hat (S. 221), hängt sehr an Mano. Seine Gefühle für das Kind treiben ihn zu einem absurden Vorgehen. Als Manos Eltern gefunden worden sind und eine Identifikation via Fotografie ansteht, soll Mano abstreiten, dass die Menschen auf der Fotografie seine Eltern sind (S. 302). Natürlich hält Mano sich nicht daran und so kommt es zu einem tränenreichen Abschied (S. 305). Dem wieder in München bei seinen Eltern lebenden Mano schreiben die Chevriers häufig.

Machen aus Mano einen guten Schüler

Wollen Mano bei sich behalten

Lucienne und André Knepper

Lucienne Knepper ist die Zwillingsschwester von Félix Fouquet. Sie ist mit André Knepper (Bild 5) verheiratet und wie die Fouquets lebt das Paar in Pantin. Beide sind berührt von Manos Schicksal und sie kümmern sich um ihn, wenn Joséphine Fouquet bei der Deportiertenhilfe arbeitet. André Knepper führt Mano in die Briefmarkenkunde ein und versucht Mano davon zu überzeugen, eine Schule zu besuchen (S. 103 f). Die Kneppers haben keine Kinder und überlegen, Mano zu adoptieren. Unter anderem aus finanziellen Gründen wird dieses Vorhaben aber nicht realisiert.

Verwandte der Fouquets

3.4 Personenkonstellation und Charakteristiken

Manos Familie

Manos Familie besteht aus seinem Vater Johannes Höllenreiner (Bilder 4 u. 16), seiner Mutter Margaret(h)e (Bild 3) und seiner Schwester Lili (Bilder 2, 15).

Zirkusleute aus Ungarn

Johannes Höllenreiner ist der Sohn des ungarischen Sinto Johann Höllenreiner, der mit einem Zirkus 1912/1913 nach Deutschland kam. Höllenreiner blieb und gründete einen eigenen Zirkus. Später heiratete der Sohn Johannes Höllenreiner die ungarische Sintiza **Margarete Fischer**,[41] wobei es ihn nicht störte, dass sie weder lesen noch schreiben konnte. Im Oktober 1933 wurde **Franz-Josef „Mano" Höllenreiner** geboren, drei Jahre später kam **Lili** zur Welt. Ebenfalls 1936 „wurden die Eltern beim Zirkus Krone in München unter Vertrag genommen und blieben eine Saison" (S. 294 f.). In der Folge führten die Höllenreiners „ihr Nomadenleben" (S. 295).

Antiziganismus

Vermutlich wurde die Familie früh mit Ablehnung konfrontiert, denn Johannes Höllenreiner hielt seine Familie an, ihre Volkszugehörigkeit zu verschweigen: „Früher hat mein Tata immer gesagt, wenn wer gefragt hat, wir sind von Ungarn, damit keiner was denkt von Zigeuner und schlecht zu uns ist." (S. 89) Diese Strategie half ihm bei den Nazis und ihrem Vernichtungswillen nicht.[42] Im März 1942 wurde Johannes Höllenreiner enteignet und die Familie in das **KZ Auschwitz** gebracht. Bis September 1943 blieb sie dort interniert, anschließend kam sie Anfang Mai 1945 in das **KZ Ravensbrück**, wo Johannes Höllenreiner sterilisiert wurde (S. 113). Dann verschleppte man sie in das KZ Sachsenhausen. Margarete und Lili Höllenreiner kamen in den für die Frauen vorgesehenen Lagerteil, Johannes Höllenreiner und sein Sohn wurden im Männer-

---

41 Es findet sich auch die Schreibweise Margarethe (vgl. S. 328)
42 Dazu siehe Kapitel 5 Materialien, Sinti und Roma und ihre Verfolgung und Ermordung durch die Nationalsozialisten.

3.4 Personenkonstellation und Charakteristiken

lager interniert. Am zweiten Tag im KZ Sachsenhausen wird Johannes Höllenreiner, der vor seiner Internierung beim Militär war, zur **Einheit Dirlewanger** abkommandiert. Er weigert sich, Mano zurückzulassen, wird geschlagen und gehorcht schließlich dem SS-Mann (S. 18). Bevor er geht, gibt er seinem Sohn seine Brieftasche mit einem Bild darin, das ihn in Uniform zeigt. Er fordert Mano auf, bei Problemen mit der SS oder dem Militär das Bild zu zeigen und zu sagen, dass er Deutscher ist.

Johannes Höllenreiner, seine Frau und seine Tochter überleben das Nazi-Regime. Sie kehren nach München zurück, beziehen dort eine Wohnung, deren Bewohner von Frau Höllenreiner vor die Tür gesetzt wurden (S. 318). Johannes Höllenreiner arbeitet als Zirkusartist und „erfreut sich gewisser Mittel" (S. 297). Die Familie leidet unter dem Verlust Manos und Johannes Höllenreiner macht den Cousins Vorwürfe, Mano zurückgelassen zu haben (S. 318). Im Oktober 1945 initiiert Johannes Höllenreiner die offizielle Suche nach seinem Sohn, schnell ahnend, dass der Junge in Frankreich leben könnte. Im Dezember 1946 kehrt Mano schließlich zur Familie nach München zurück.

Nach dem Krieg: Suche nach Mano

Nach Manos Rückkehr gibt die dankbare Familie zusammen mit der UNRRA ein Fest (S. 316). In der Folge ändert sich ihr Leben. Die anfangs von Eifersucht auf Mano geplagte Lili berichtet:

„Die Eltern sind auch oft ins Lokal Blaue Kugel gegangen, da gab es jede Woche eine andere Kapelle, da sind sie hin und haben gefeiert. Jeden Tag haben sie ausgenützt. Nur gegessen und getrunken und ... die sind halt wieder neu geboren gewesen." (S. 319)

3.4 Personenkonstellation und Charakteristiken

Weitere Personen

Geneviève de Gaulle, Lucie Aubrac und andere ehemalige Résistanceaktivisten, Jean Bailly, Dr. Outzeko, Ärzte, Schwestern, Pfleger und Patienten der Kinderpsychiatrie, Pierre Carron und seine Mutter in Le Havre, Kinder und Betreuer im Ferienlager, Camille (Köchin im Ferienlager) und ihr Mann, Claude (Junge im Ferienlager), Monsieur Maret (Leiter Waisenhaus), Monsieur Gallois und die Lehrerin Madame Peyraud, Antoinette (Hausmädchen bei Madame Marcheix-Thoumyre), Tochter und Schwiegersohn von

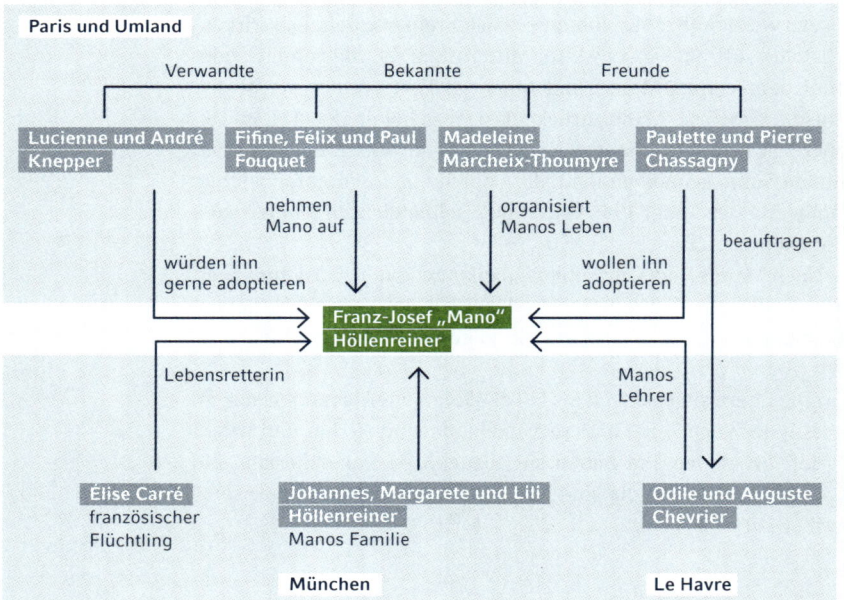

3.4 Personenkonstellation und Charakteristiken

Madeleine Marcheix-Thoumyre, Jean Marie (Knecht), Madame Troussier, Madame Chatelein (Näherin), Simone (Pädagogikstudentin), Louis Eudier (Vorsitzender der Ehemaligen von Auschwitz) und viele andere.

3.5 Sachliche und sprachliche Erläuterungen

S. 13	Kartoffelmiete	Grube mit einem zum Überwintern eingelagerten Kartoffelvorrat
S. 17	„Sal Allemon"	Frz. Schimpfwort für die Deutschen: Dreckiger Deutscher.
S. 18	Einheit Dirlewanger	Truppe der SS unter der Führung von Oskar Dirlewanger, zu der auch Strafgefangene aus dem KZ und sogenannte „Asoziale" herangezogen wurden.
S. 26	Stalag	Abkürzung für Stammlager
S. 61	Métro	U-Bahn in Paris
S. 77	Cernay-la-Ville	Gemeinde in der Region Île-de-France
S. 77	Ornat	Feierliche kirchliche Amtstracht
S. 80	Nationaltag	14. Juli (französischer Nationalfeiertag). Am 14. Juli 1789 begann mit dem Sturm auf die Bastille die Französische Revolution.
S. 80	„Liberté, Égalité, Fraternité"	„Freiheit, Gleichheit, Brüderlichkeit", Motto der Französischen Revolution
S. 81	Madeleines	Feingebäck
S. 81	Bourrées	Bourrée: alter französischer Volkstanz
S. 81	Hackbrett	Musikinstrument aus der Familie der Zithern
S. 90	Saint-Rémy-lès-Chevreuse	Gemeinde in der Region Île-de-France
S. 98	Max Schmeling	(1905–2005), deutscher Boxweltmeister im Schwergewicht
S. 122	Tim-und-Struppi-Buch	Abenteuercomic *Les aventures de Tintin* des Belgiers Hergé (1907–1983).
S. 147	UNRRA	**U**nited **N**ations **R**elief and **R**ehabilitation **A**dministration (Nothilfe- und Wiederaufbauverwaltung der Vereinten Nationen)

3.5 Sachliche und sprachliche Erläuterungen

S. 166	Concièrge	Hausmeisterin
S. 184	Beret	Baskenmütze
S. 190	„Samson und Dalila"	Oper von Camille Saint-Saëns (1835–1921)
S. 203	Le Havre	Stadt im französischen Nordwesten; wurde im 2. Weltkrieg stark beschädigt
S. 221	Nancy	Stadt in Lothringen
S. 234	Zirkus Krone	1905 gegründeter berühmter Zirkus, bekannt wegen seiner nicht unumstrittenen Tierdressuren
S. 256	Caen	Frz. Stadt an der Atlantikküste
S. 264	Pantheon	Nationale Ruhmeshalle Frankreichs und Grabstätte wichtiger französischer Persönlichkeiten
S. 264	Voltaire	Eigtl. François-Marie Arouet (1694–1778), Philosoph der Aufklärung
S. 264	Rousseau	Jean-Jaques Rosseau (1712–1778), Philosoph der Aufklärung
S. 264	Hugo	Victor Hugo (1802–1885), Schriftsteller der französischen Romantik
S. 264	Zola	Émile Zola (1840–1902), Schriftsteller des Naturalismus
S. 270	Colmar	Frz. Stadt im Elsass
S. 270	Ingersheim	Frz. Stadt im Elsass
S. 272	Vogesen	Mittelgebirge im Osten Frankreichs
S. 273	Kiepe	Tragekorb
S. 280	Transsilvaner	Transsilvanien: Gebiet in Ungarn (heute: Siebenbürgen/Rumänien)
S. 316	General Eisenhower	Dwight David Eisenhower (1890–1969), Oberbefehlshaber der alliierten Streitkräfte in Nordwesteuropa, von 1953–1961 amerikanischer Präsident

3.6 Stil und Sprache

ZUSAMMENFASSUNG

Die Erzählersprache ist klar und schnörkellos. Es wird in der Er-Form und Ich-Form erzählt.
Im Roman finden sich
→ eine individuell geprägte Figurensprache,
→ ein überwiegend auktoriales Erzählverhalten,
→ zahlreiche Motive und ihre Wiederholungen.

Erzählersprache

Die Erzählersprache ist klar und schnörkellos. Schockierende Gewalt gegenüber Menschen wird als solche dargestellt und der Leser nicht geschont. Als Beispiel möge jene Textsequenz genannt werden, in der beschrieben wird, wie ein SS-Mann mit einem Panzerspähwagen über den Kopf eines Häftlings fährt (S. 145 f.). Die schrecklichen Ereignisse werden darüber hinaus aber nicht zusätzlich emotionalisiert.

Figurensprache

Die Figurensprache dient der Darstellung des Personencharakters. Außerdem kann aus der Figurensprache das soziale Umfeld der jeweiligen Person abgeleitet werden.

Angstvolles und einsames Kind

Die **Diktion Manos** ist die eines einsamen, erschütterten und traumatisierten Kindes, die manchmal auch etwas Forderndes hat. Dies erkennt man beispielhaft, als Mano vor den Chevriers zu Madame Marcheix-Thoumyre nach Paris geflohen ist und er wieder bei ihr sein möchte: „Ich will nicht bei ihnen bleiben. Ich will bei dir wohnen. Und nicht immer nur lernen, lernen, lernen." (S. 232) Zudem zeigt sich bei ihm die sprachliche Eigenart, nicht „allein",

3.6 Stil und Sprache

sondern „alleins" zu sagen (z. B. S. 17). Vielleicht ist das Romanes, doch darüber kann hier nur spekuliert werden.

Die Diktion **Madeleine Marcheix-Thoumyres und Joséphine Fouquets** zeigt beide als sehr liebevolle Menschen, so verwenden sie für Mano häufig Kosenamen. Von anderem Kaliber ist **der bucklige Pfleger** aus der Kinderpsychiatrie, der eine verächtlich-brutale Sprache pflegt, die ihn als primitiven, bösartigen Menschen ausweist: „Ah, le cochon ... den dreckigen Deutschen kriege ich nicht sauber." (S. 118)

Kosenamen für Mano

Erzählform und Erzählverhalten

Bei der **Erzählform** wird differenziert zwischen **Er-Form und Ich-Form**, wobei hinsichtlich der Ich-Form zwei Erzählertypen zu unterscheiden sind:

→ Der erste Ich-Erzählertyp erzählt **ohne einen zeitlichen Abstand vom Geschehen**, er weiß nicht mehr als der Leser. Erzählendes und erlebendes Ich sind weitgehend identisch. Entsprechend verfügt dieser Ich-Erzählertyp im Allgemeinen außer in Bezug auf sich selbst nur über Außensicht. Er nimmt einen internen *point of view* ein mit personalem Erzählverhalten.

Ich-Form 1: Ohne zeitlichen Abstand vom Geschehen erlebendem Ich

→ Der zweite Typ des Ich-Erzählers erzählt **mit einem deutlichen zeitlichen Abstand**, der ihn mehr wissen lässt als den Leser. Das erzählende Ich ist nicht identisch mit dem erlebenden Ich. Dieser Inkongruenz wegen hat dieser Ich-Erzählertyp (außer in Bezug auf sich selbst) nur Außensicht zur Verfügung mit einem externen *point of view*. Sein Erzählverhalten ist demzufolge neutral oder sogar auktorial. Der Ich-Erzähler dieses Typs eignet sich insbesondere zur quasi-autobiografischen Erzählung des eigenen Lebens gegen dessen Ende.

Ich-Form 2: Mit zeitlichem Abstand vom Geschehen

3.6 Stil und Sprache

Erzählverhalten

Hinsichtlich des **Erzählverhaltens** unterscheidet man folgende Dreier-Typologie:

→ **Auktoriales Erzählverhalten**: Der Erzähler gibt sich als eigenständige Instanz zu erkennen. Er kommentiert, reflektiert und urteilt. Auf der Grundlage eines externen *point of view* offenbart er ein umfassendes Wissen über das Erzählte. Dies schließt die Innensicht, Wissen um Vorgeschichte und zukünftige Entwicklungen ein.

→ **Neutrales Erzählverhalten**: Der Erzähler gibt sich nicht als eigenständige Instanz zu erkennen, sein Verhältnis zum Erzählten ist unspezifisch und somit neutral. Dieses Erzählverhalten neigt zum externen *point of view*, aber nicht notwendig zur Innensicht.

→ **Personales Erzählverhalten**: Der Erzähler nähert sich erkennbar dem Standpunkt der erzählten Figur an. Dies gilt besonders dann, wenn er mit Innensicht erzählt. Darbietungsformen personalen Erzählverhaltens sind erlebte Rede und **der innere Monolog**. Beim inneren Monolog wird ausschließlich der *point of view* der Figur abgebildet, es kommt also nur das zum Ausdruck, **was die Figur denkt, fühlt oder wahrnimmt**. Bei konsequenter Anwendung dieser Erzähltechnik kommt es zu Assoziationen in freier Abfolge, was mit dem Terminus *stream of consciousness* beschrieben wird.

Tuckermanns *Mano*

Mano. Der Junge, der nicht wusste, wo war ist in Er-Form und Ich-Form verfasst. In der Ich-Form geschrieben sind die Berichte von Joséphine Fouquet (Tante Fifine, S. 38–39), Paul Fouquet (S. 56–57), Félix Fouquet (S. 187–188), Auguste Chevrier (S. 221–222), Odile Chevrier (S. 227–228), Pierre Carron (S. 247) und Lili Höllenreiner

3.6 Stil und Sprache

(S. 318). Hier ist der zweite Typ des Ich-Erzählers realisiert, der wie in einer Interviewsituation mit einem deutlichen zeitlichen Abstand von dem Geschehen erzählt (Zeitzeugen).

Das **Erzählverhalten** von *Mano. Der Junge, der nicht wusste, wo er war* wechselt, wobei auktoriales Erzählen dominiert. Auktoriales Erzählen durchzieht den gesamten Roman bis auf wenige Sequenzen neutralen Erzählverhaltens und Passagen personalen Erzählens. Das neutrale Erzählverhalten findet sich verwirklicht in den Dialogen zwischen den Figuren. Ein Beispiel dafür ist die Wechselrede zwischen Mano und Élise:

Dominanz auktoriales Erzählverhalten

„'Dein Alter?'
'Elf.'
'Er will wissen, wo du herkommst? Weißt du nicht?'" (S. 23)

Dialoge

Personales Erzählen und somit Innensicht finden sich in Form des inneren Monologs, in dem der Junge Zwiesprache mit sich selbst hält (z. B. S. 16 f., S. 68 f., S. 79 f., S. 86 f., S. 106 f., S. 112 f., S. 115 f., S. 120 ff., S. 169 f., S. 307 ff.).

Innerer Monolog

Themen und Motive
Motive sind die kleinsten Einheiten der Romanhandlung. Anja Tuckermann arbeitet mit zentralen Motiven, die sich wiederholen. Erste Eindrücke, die der Leser bei der Rezeption gewinnt, können sich durch die Motivwiederholungen verdichten und so eine erzählte Welt formen. Gleichzeitig sorgen die Motivwiederholungen für die Verbindung der einzelnen Kapitel miteinander, so dass durch diese Art der narrativen Verknüpfung schließlich ein komplexes erzählerisches Ganzes entsteht. Beispiele und Effekt der wichtigsten Motive werden repräsentativ im Folgenden dargestellt und erläutert.

Verknüpfung

3.6 Stil und Sprache

MOTIV	ERST-NENNUNG	WIEDERHOLUNG	EFFEKT
Amsel (Auswahl)	„Über ihm auf einem Ast saß eine junge schwarze Amsel." (S. 78)	„Die Amsel sang wieder, weiter entfernt, und Mano setzte sich auf. Er suchte mit dem Blick die Bäume ab und entdeckte die Amsel auf dem Dachfirst des Holztreppenhauses." (S. 79); „,Soll ich ihnen sagen, wie ich heiße und wo ich wohne?' Die Amsel hörte ihm zu, dann sang sie wieder." (S. 83); „Er spürte einen Flügelschlag und schaute auf – still saß die Amsel über ihm und sah ihn an." (S. 87); „Ein bisschen ruhiger machte es Mano, dass er der Amsel etwas erzählen konnte." (S. 88); „Aber ich bin nicht frei. Ich hab schreckliche Angst, Amsel." (S. 88); „Die Amsel kam so schnell, als hätte sie schon auf ihn gewartet. Mano weinte, und sie sang." (S. 95); „Also ging er fort und drehte sich auch nicht mehr um. Da hörte er die Amsel singen, laut, mit hellen Tönen, eine lange Melodie. Er blieb stehen und spähte zu den Bäumen – sie saß auf ihrem Ast über seinem Platz und sah dem Jungen nach." (S. 96); „Wind im Gesicht ach Amsel meine Amsel gibts dich noch?" (S. 130)	Die Amsel ist Manos Verbindung zur Welt. Er, der sich von allem zurückzieht, öffnet sich der Amsel und erzählt ihr seinen furchtbaren Kummer. Mit ihrem Gesang spendet sie den Trost, den er in der Welt der Menschen (noch) nicht findet.

3.6 Stil und Sprache

MOTIV	ERST-NENNUNG	WIEDERHOLUNG	EFFEKT
Einsamkeit/ Alleinsein (Auswahl)	„ist Manfred hier? Manfred? nein jetzt bin ich ganz allein" (S. 16)	„die Brieftasche ist noch da in der Jacke mit dem Bild ich bin ganz alleins" (S. 17); „jetzt ist von meinem Tata nichts mehr übrig wo ist Mama wo ist Lili jetzt bin ich ganz alleins" (S. 20); „jetzt bin ich in einem Ausland wo ich noch nie war ganz allein ist immerhin besser als ein KZ" (S. 27); „ich bin hier ganz fremd ich will hier nicht sein ich will heim zu meinen Eltern" (S. 74); „ich bin nicht mehr gefangen dann könnte ich doch einfach weglaufen aber wohin wo lang und wenn sie doch alle tot sind wenn ich ganz allein auf der Welt bin wozu dann" (S. 84); „wenn sie wissen dass ich ein Deutscher bin schicken sie mich weg dahin wo ich sterben muss weil ich da ganz allein bin" (S. 107); „und wenn meine Eltern doch noch leben? wenn ich das sage will mich niemand mehr dann bin ich noch mehr ganz allein auf der Welt" (S. 166); „sie wollen mich doch nicht haben niemand will mich behalten und ich hab niemanden mehr" (S. 208)	Das Motiv der Einsamkeit bzw. des Alleinseins beschreibt Manos Blick auf seine Stellung in der Welt. Er sieht sich ohne seine Familie, ohne Heimatland, ohne jeden Halt. Durch die Repetition des Motivs verdichtet sich der Eindruck völliger Hoffnungslosigkeit.

3.6 Stil und Sprache

MOTIV	ERST-NENNUNG	WIEDERHOLUNG	EFFEKT
Manos Todesgedanken	„und ich? will mich niemand? warum soll ich eigentlich leben?" (S. 65)	„zu Hause gibts nicht mehr sind sowieso alle tot ich sollte auch tot sein" (S. 139); „ich will gar nicht hier sein ich will überhaupt nicht mehr ich will nicht sein" (S. 151)	Dieses Motiv ist in Kombination mit dem Motiv der Einsamkeit/Alleinsein zu verstehen. Die Hoffnungslosigkeit lässt in dem Jungen den Wunsch entstehen, sich aufzulösen.
Das Meer (Auswahl)	„Nach dem Frühstück zeigten die Chevriers ihm das Meer." (S. 208)	„Als sie das nächste Mal zum Meer gingen, war es weg." (S. 211); „Zuerst sah Mano in der Ferne nur ein Glitzern, dann sah er die Wellen anrollen, das Wasser springen. Er sah das Meer näher kommen." (S. 212); „Im Meer sind schon viele Menschen gestorben. Das Meer ist wunderschön, manchmal ist es glatt und friedlich, es gibt uns zu essen, aber es ist auch sehr gefährlich." (S. 213); „Es war die Zeit der Stürme, die das stahlgraue Meer aufwühlten und die Wellen mit hohen Schaumkronen an Land schlagen ließen." (S. 300)	In der Literatur steht das Meer u. a. für Herausforderung und Bewährung. Dieses Motiv erscheint daher in Verbindung mit Mano, der sich in der Tat bewähren muss. Die Verbindung zwischen ihm und dem Motiv erschließt sich aus dem Zitat S. 212, der Bewährungscharakter aus Zitat S. 213. Das Zitat S. 300 stellt ebenfalls eine Verbindung dar zwischen Motiv und persönlicher Situation Manos. Diese steht kurz vor einer fundamentalen Veränderung, da seine Eltern gefunden worden sind.

3.6 Stil und Sprache

MOTIV	ERST-NENNUNG	WIEDERHOLUNG	EFFEKT
Boxen/ Boxhandschuhe	„Manchmal fuchtelte er zum Spaß mit den Fäusten und sagte: ‚Je suis Max Schmeling.'" (S. 98)	„‚Ich bin Max Schmeling.' Immer wieder tänzelte Mano mit erhobenen Fäusten herum und brachte die anderen zum Lachen." (S. 99); „Manchmal stand Mano im Flur und trainierte Boxen am Türrahmen, um jede Faust eine Socke, damit er sich nicht verletzte." (S. 105); „Du bist doch Max Schmeling. Und wenn du nach Hause kommst, schenke ich dir Boxhandschuhe." (S. 117); „‚Was willst du denn mal werden?' [...] ‚Kapitän, Soldat und Max Schmeling." (S. 189); „Onkel Félix gab ihm zum Abschied die Boxhandschuhe mit." (S. 306)	Das Boxen ist hier nicht im Kontext von Gewalt bzw. Aggression zu sehen. Es ist kein unkontrolliertes Schlagen, sondern ein kraftvoller Sport mit Regeln. Mano sieht sich in der Tradition der großen Boxlegende Max Schmeling, der von den Nationalsozialisten als Propaganda-Figur aufgebaut und von der Jugend glühend verehrt wurde. Im Zusammenhang mit Boxen/ Boxhandschuhe/ Max Schmeling kann Mano sogar lachen. Es ist eines der wenigen Dinge aus Deutschland, auf die er stolz sein kann und was er auch laut äußern kann – und die ihm Kraft geben.

3.6 Stil und Sprache

Stilmittel

STILMITTEL	DEFINITION	TEXTBELEG
Akronym	Aus den Anfangsbuchstaben mehrerer Wörter gebildete Abkürzung	„immer geradeaus schauen auf die SS" (S. 18) (SS für **S**chutz**s**taffel)
Alliteration	Wiederholung der gleichen Anfangskonsonanten in benachbarten Wörtern	„Er sollte die Buchstaben üben, damit er sie flüssig schreiben konnte, das P wie Paul. Parrain, pause, Pierre, paradis. Pantin, Paris ..." (S. 231)
Imperativ	Befehlsform	„Stop, Mano, stop!" (S. 60)
Interjektion	Ausruf	„Tante! Tante!" (S. 46)
Onomatopoesie	Lautmalerisches Wort, das so ähnlich klingt wie der nichtsprachliche Laut, wobei akustische Eindrücke durch Sprache rekonstruiert werden.	„Zieht der SS-Mann die Pistole auf und bumbumbum.'" (S. 89)
Pleonasmus	Häufung sinngleicher oder sinnähnlicher Wörter oder Begriffe.	„Über ihm auf dem Ast saß eine junge schwarze Amsel." (S. 78) (schwarze Amsel)

3.6 Stil und Sprache

STILMITTEL	DEFINITION	TEXTBELEG
Vergleich	Gedankenfigur durch Nebeneinanderstellung zweier Wortinhalte mit dem Vergleichswort „wie".	„Bei einunddreißig Elefanten sahen sie einen Kirchturm, hoch, vierkant, mit Fenstern wie Schießscharten, wie der massive Wehrturm einer befestigten Burg." (S. 77)
Wiederholung	Wörter oder Wortpaare werden wiederholt, um die Eindringlichkeit zu steigern.	„‚So viele Tote. Tote, Tote überall', sagte er und zeigte rings um sich." (S. 41)

3.7 Interpretationsansätze

3.7 Interpretationsansätze

ZUSAMMEN-FASSUNG

In *Mano. Der Junge, der nicht wusste, wo er war* setzt Anja Tuckermann die nationalsozialistische Ideologie und ihre schrecklichen Ausprägungen gegen das Prinzip der Humanität, das personalisiert ist in Élise Carré, der Familie Fouquet, den Ehepaaren Chassagny und Chevrier sowie Madeleine Marcheix-Thoumyre.

Roman über die nationalsozialistische Ideologie

Traumatisiertes Kind wird von seinen Ängsten bestimmt

Tuckermanns *Mano. Der Junge, der nicht wusste, wo er war* berichtet über die traumatisierenden **Erfahrungen der Sinti-Familie Höllenreiner während der NS-Zeit und im ersten Nachkriegsjahr**. So erzählt der 11-jährige Protagonist Mano von schockierenden Taten der SS, die ihn auch nach dem Krieg nicht losließen:

> „Einmal war ein alter Mann vor dem SS auf den Knien, er hat die Hände zusammengefaltet, hat gebetet: ‚Bitte, bitte, nicht schießen.' Der SS-Mann hat ihn erschossen. Zwei Meter von mir." (S. 146)

Oder:

> „Auf dem Todesmarsch, als es hieß Abmarsch! Einer kam nicht so schnell hoch, er war zu schwach, da fuhr der SS-Mann, ein ganz junger, mit dem Panzerspähwagen über seinen Kopf, vorwärts, rückwärts, zweimal hin und her und lachte und sagte, jetzt brauchst du nie mehr aufzustehen. Streckte seine Schnapsfla-

3.7 Interpretationsansätze

sche raus und grinste alle an, die drumherum standen und auf die Erde guckten.'" (S. 145 f.)

Woher kommt eine solche Bestialität? Sie ist die Folge einer totalen Entrechtung des Opfers, die rechtlich abgesichert wurde durch die nationalsozialistische Ideologie und ihre Gesetze.

Der Nationalsozialismus beruht auf einer totalitären Ideologie. Eine totalitäre Ideologie wiederum ist die Grundlage für ein politisches System, das den Staat absolut setzt und dem sich alles unterzuordnen hat. Charakteristisch dafür ist u. a. eine **Ein-Parteien-Regierung (NSDAP) mit einer Führerpersönlichkeit (Adolf Hitler)**. Menschen in einem totalitären System sind einer propagandistischen Gleichschaltung mit einem damit verbundenen ausgeprägten Anpassungsdruck unterworfen. Individuelle Rechte werden negiert und Verstöße gegen die Regeln des Systems rücksichtslos verfolgt und bestraft.

Totalitäres Regime

Kern der nationalsozialistischen Ideologie ist die **Rassenlehre**. Sie unterscheidet zwischen Nicht-Ariern und den angeblich allen anderen Rassen überlegenen Ariern. Aufgrund ihrer Überlegenheit haben die Arier das Recht, mit Nicht-Ariern willkürlich zu verfahren. Für die Nicht-Arier bedeutet das Ausgrenzung und in letzter Konsequenz Vernichtung. Davon betroffen waren sogenannte **Rassefremde**, zu denen gemäß der nationalsozialistischen Ideologie neben den jüdischen Menschen auch die Sinti und Roma zählten – so die Familie Höllenreiner, obwohl sie Deutsche waren und Manos Vater sogar als Soldat für Deutschland kämpfte.

Rassenlehre: Arier und rechtlose Nichtarier

Zunächst wurden diese Menschen über juristischem Wege ausgegrenzt, so durch die Akklamation der „Nürnberger Gesetze" im September 1935. Die Gesetze bestanden aus drei Einzelgesetzen: dem „Reichsflaggengesetz", dem „Reichsbürgergesetz" und dem sogenannten „Blutschutzgesetz". Für die Sinti und Roma verhäng-

Nürnberger Gesetze

3.7 Interpretationsansätze

nisvoll waren das „Reichsbürgergesetz" und das „Blutschutzgesetz". Das Reichsbürgergesetz fraktionierte die deutschen Bürger in „Reichsbürger" mit vollen Rechten, in „Staatsangehörige deutschen oder artverwandten Blutes" mit eingeschränkten Rechten und in ‚einfache' Staatsangehörige: „Angehörige rassefremden Volkstums". Sinti und Roma gehörten zur dritten Gruppe; nach einer Verordnung von 1943 zählten sie wie die Juden nicht einmal mehr als Staatsangehörige. Auf der Grundlage des Blutschutzgesetzes von 1935 wurden Ehen zwischen deutschen Staatsangehörigen und Sinti und Roma verboten sowie außerehelicher Geschlechtsverkehr zwischen diesen Personengruppen. Dies betraf ebenso die Juden.

Vollkommene Rechtlosigkeit

Die **Verachtung bestimmter Minderheiten** wurde also in Gesetze gegossen, die zu befolgen waren. Deutschland war so zu einem „Rassestaat" geworden, der Juden, „Zigeuner" und andere Minderheiten wie schwarze Menschen und Homosexuelle aus der Rechtsgemeinschaft ausschloss. Die „Nürnberger Gesetze" bestimmten fortan weite Bereiche des öffentlichen Lebens und spielten zudem eine zentrale Rolle bei der Festlegung des Kreises derjenigen Personen, die im Zuge des NS-Mordprogramms deportiert und umgebracht werden sollten.[43]

Roman über Humanität

Humanität bedeutet Menschlichkeit. Ihr Ziel ist die

> „harmonische Ausbildung der dem Menschen eigentümlichen wertvollen Anlagen des Gemütes und der Vernunft […]; höchste Entfaltung menschl. Kultur und Gesittung und dementsprechendes Verhalten gegenüber den Mitmenschen, ja aller Kreatur"[44].

---

[43] Dazu siehe Kapitel 5 Materialien, Sinti und Roma und ihre Verfolgung und Ermordung durch die Nationalsozialisten.
[44] Schmidt, Heinrich: *Philosophisches Wörterbuch*, S. 292.

3.7 Interpretationsansätze

Kurz: Der Mensch soll gut sein. Ethisch-sittliche Anteile des Menschen sollen erkannt, ausgebildet und kultiviert werden zum Zwecke eines menschenfreundlichen Umgangs miteinander. Dahinter steckt die **Idee vom Menschen als einem Wesen, das einen Wert hat** und das diesen Wert auch in seinen Mitmenschen sieht.

Ausdruck humanitären Verhaltens ist Hilfsbereitschaft und ihre Umsetzung in tätige Hilfe. In *Mano. Der Junge, der nicht wusste, wo er war* wird diese Haltung personifiziert durch **Élise Carré, die Familie Fouquet, Madame Madeleine Marcheix-Thoumyre, die Chassagnys und das Ehepaar Chevrier.**

Letztere erscheinen im Roman anfangs ein wenig distanziert, doch mit dieser Bewertung würde man ihnen sicherlich unrecht tun. Sie nehmen sich eines Jungen an, der tief verstört, traumatisiert, körperlich gezeichnet und Analphabet ist. Ihn zum Lernen anzuhalten, kostet tagtäglich Mühe und Kraft. Und doch schaffen sie es, aus Mano einen guten Schüler zu machen. Mehr noch: Sie lieben ihn aufrichtig. **Auguste Chevrier** hasst die Deutschen dafür, was sie Mano angetan haben: „Wenn ich daran denke, was der Junge durchgemacht haben musste, dann verabscheue ich die Deutschen." (S. 221) Er hasst sie für ihre Inhumanität. Ihm und seiner Frau ist sehr daran gelegen, dass es dem Jungen bei ihnen gutgeht (S. 222), wie **Auguste Chevrier** erzählt:

„Vielleicht könnten wir ihm noch ein paar gute Kindheitsjahre geben, dachten wir. Und ihm so viel wie möglich beibringen, damit er ein gutes Fundament für das spätere Leben hat." (S. 222)

Auch **Madeleine Marcheix-Thoumyre** ihrerseits ist überzeugte Humanistin. Das zeigt sich u. a. darin, dass ihr die Nationalität Manos gleichgültig ist, das Kind hat für sie einen Wert unabhängig von seiner Herkunft. Sie glaubt an die Vernunft und geht in allem, was sie

Wertvolle Menschen

Humanitäres Verhalten

Sicherheit, Nahrung, Gesundheit, Bildung und Kultur

Freies Individuum

3.7 Interpretationsansätze

Die Fouquets und Élise Carré: Tiefes Mitleid

tut, sehr pragmatisch vor: Sie organisierte Manos Aufenthalte im weißen Hof oder im Waisenhaus und sorgte für seine Gesundheit. Gleichzeitig verfügte sie nie über Mano wie über ein Objekt. Dass sie das Kind als einen freien Menschen mit Rechten betrachtete, zeigt sich in ihrer Antwort auf die Frage der Chevriers nach einer negativ verlaufenen Suche nach Manos Eltern – ob es nötig sei, die Suche fortzusetzen: „‚Natürlich. Falls der Junge noch Verwandte hat, solle er es erfahren. Er braucht Gewissheit', antwortete Tantine." (S. 291) Auch **die Chassagnys** hätten in diesem Sinne Mano ein sicheres, sogar privilegiertes Leben geboten, wären sie nicht verunglückt.

Die Fouquets zeigen ebenfalls eine wertvolle „Anlage des menschlichen Gemüts", nämlich Mitleid. Besonders deutlich wird dies in jener Sequenz, in der sie erstmals mit Mano zusammen bei Tisch sitzen: „Am Küchentisch saß die Familie Fouquet schweigend und sah dem Jungen beim Essen zu. Sie starrten ihn an, voller Mitleid, sie vergaßen darüber fast ihr eigenes Essen." (S. 34) Félix Fouquet beschreibt die Haltung der Familie, die auch den Widerstand unterstützte, als Selbstverständlichkeit: „War ja selbstverständlich, dass wir den Jungen aufnehmen." (S. 187) Und:

> „Wir haben den Jungen gern aufgenommen, für ihn war Platz in unseren Herzen. Nur, er brauchte richtige Betreuung, dafür hatten wir die Mittel nicht. Aber geliebt haben wir ihn. Er konnte so schön lachen." (S. 188)

Besondere Menschen

Auch **Élise Carré** erweist sich als mitleidiger und hilfsbereiter Mensch, als sie dafür sorgt, dass Mano auf dem Wagen mitfahren kann, sie sich seiner annimmt, ihn durch die unterschiedlichen Registrierungen und schließlich nach Paris bringt. All diese Menschen vermuten, dass Mano aus dem tief verhassten Deutschland

3.7 Interpretationsansätze

kommt, und nehmen sich trotzdem seiner an. Sie handeln im Geiste der Humanität, was sie zu besonderen Menschen macht. Mano weiß das, und

„er hatte Heimweh nach Frankreich, nach allen Menschen dort. Er sagte es seinen Eltern: ‚Ich will mit euch wieder nach Frankreich. Wir können doch dahin ziehen. Die Franzosen waren alle gut zu mir. Die Gutheit fehlt mir.'" (S. 320)

Nationalsozialistische Ideologie		Humanismus
⚜ Totalitarismus		⚜ Gelten individueller Rechte
⚜ Rassismus	←→ versus	⚜ Gleichwertigkeit aller Menschen
⚜ Rechtlosigkeit		
⚜ menschenverachtende Verbrechen		⚜ Mitleid und Fürsorge

4. REZEPTIONSGESCHICHTE

ZUSAMMENFASSUNG

Mano. Der Junge, der nicht wusste, wo er war ist von den Rezensenten sehr wohlwollend aufgenommen worden. Sie zeigten sich beeindruckt vom erzählerischen Können Anja Tuckermanns und erschüttert über die dargestellte Brutalität im Leben des Sinto-Jungen Mano.

Mit Respekt erzählt

Andrea Lüthi von der renommierten **Neuen Zürcher Zeitung** weist auf den realen Hintergrund des Romans hin und lobt die Erzähltechnik Tuckermanns:

> „Die mehrfach ausgezeichnete Autorin und Journalistin Anja Tuckermann erzählt sachlich und geradlinig. Sie schmückt rührende Momente nicht unnötig aus, und gerade darin zeigt sich ihr Respekt gegenüber Mano und den Personen, die seine Geschichte miterlebt haben."[45]

Faktenreich und anschaulich

Für **Ulf Cronenberg** vom Internetportal **jugenbuchtipps.de** ist *Mano. Der Junge, der nicht wusste, wo er war* „ein beeindruckendes Buch, das einfühlsam und authentisch das Schicksal eines Jungen, der die Konzentrationslager überlebt hat, erzählt"[46]. Angesichts der im Roman dargestellten Gräuel empfindet Cronenberg ihn zwar stellenweise als erschreckend, doch angesichts des Guten, das Mano in Frankreich erfährt, lässt ihn das Buch auch an „das Gute im Men-

---

[45] https://www.nzz.ch/erinnern_ohne_sprache_und_heimat-1.2137344
[46] https://www.jugendbuchtipps.de/2008/10/09/buchbesprechung-anja-tuckermann-mano-der-junge-der-nicht-wusste-wo-er-war/

schen"⁴⁷ glauben. Besonders lobt er die erzählerische Darstellung Tuckermanns:

> „Anschaulicher als mit diesem Buch kann man historische Fakten zum Zweiten Weltkrieg und über die Schicksale von Menschen, die die Konzentrationslager überlebt haben, jedenfalls nicht ergänzen."⁴⁸

Mareike Huuk vom Portal **Lesebar** rezensierte *Mano. Der Junge, der nicht wusste, wo er war* ebenfalls als eindrucksvoll und „erschütternd gut".⁴⁹ Den tiefen Eindruck, den das Buch beim Leser hinterlässt, erklärt sie mit Tuckermanns Erzähltechnik und der Gestaltung des Buches:

Tief beeindruckend

> „Diese stark emotionalisierende Schreibweise wird durch dokumentarische Techniken einerseits unterstützt, andererseits abgefedert und gebrochen. 22 Seiten Fotografien, die dem eigentlichen Text vor- und nachgestellt sind und Manos Aufwachsen in München, seine Zeit in Frankreich und die Rückkehr nach Deutschland bildlich veranschaulichen, bestärken die Vorstellungskraft des Lesers und unterstützen die Empathie zum Protagonisten."⁵⁰

Auch für **Christine Lötscher** vom Schweizerischen Institut für Kinder- und Jugendmedien ist die Empathie Anja Tuckermanns ein wesentliches Element des Romans. Sie weist darauf hin, dass *Mano.*

Empathisch

---
47 Ebd.
48 Ebd.
49 http://www.lesbar.uni-koeln.de/28228.html
50 Ebd.

Der Junge, der nicht wusste, wo er war eines der wenigen Bücher ist, die die Nachkriegszeit thematisieren:

„Sie lässt die LeserInnen ganz an Manos äusserem und innerem Leben teilhaben, wir sehen, wie er auf seine BetreuerInnen wirken muss, verstehen aber auch seine Ängste. Viele Jugendbücher erzählen vom Krieg, doch nur wenige befassen sich mit der Nachkriegszeit. Wie schwierig auch die Jahre nach 1945 waren, vergegenwärtigt Anja Tuckermann in diesem Buch eindrücklich – zum Glück mit einem historisch verbürgten Happy End."[51]

Schullektüre

Eine systematische **literaturwissenschaftliche Analyse** des Romans ist bisher noch nicht erfolgt. *Mano. Der Junge, der nicht wusste, wo er war* gehört zum Lektürekanon der Realschulen.

---

51 http://www.sikjm.ch/rezensionen/datenbank/?id=1297&c=1&keyword=Identit%E4t

5. MATERIALIEN

Sinti und Roma im Nationalsozialismus

Roma und Sinti sind Nachfahren von aus Indien stammenden Migranten. Roma leben überwiegend in Südosteuropa, Sinti in Mitteleuropa.

Die ersten Roma tauchten Mitte des 14. Jahrhunderts in Serbien auf. Dort wurden sie versklavt, woraufhin sie erneut flohen und zu Beginn des 15. Jahrhunderts in Mitteleuropa auftauchten. Man mochte sie nicht und verweigerte ihnen das Niederlassungsrecht, außerdem verbot man ihnen eine Berufsausübung. Die Konsequenz war, dass diese Menschen in der Regel nicht sesshaft wurden und durch Europa zogen, weshalb sich die Bezeichnung „fahrendes Volk" etablierte.

In Deutschland leben Sinti seit über 600 Jahren. Inzwischen sind es etwa 70.000 Menschen. Neben Deutsch sprechen sie Romanes, auch Romani genannt. Sprachwissenschaftler konnten anhand dieser Sprache die Herkunft dieser Menschen aus Indien nachweisen, denn Romanes ist mit der altindischen Hochsprache Sanskrit verwandt.

Die Geschichte der Sinti und Roma ist nicht nur eine Migrations-, sondern auch eine Gewaltgeschichte. Von den sie verachtenden Bewohnern ihrer Gastländer wurden sie „Zigeuner" genannt – eine Bezeichnung, gegen die sich Sinti und Roma verwahren. Die Verachtung der Sinti und Roma führte zu Ausgrenzung und Verfolgung und mündete in eine sie diskriminierende antiziganistische[52] Politik mit der Verweigerung grundlegender Rechte.

Diskriminierung als „Zigeuner"

---

52 Antiziganismus: Abwehrhaltung gegen Roma und Sinti.

Zwangssterilisation im KZ

Im deutschen Faschismus bekam der Antiziganismus monströse Züge. Nach der Übernahme der Regierung durch Adolf Hitler im Januar 1933 kam es zu ersten Internierungen von Sinti und Roma. In der Folge trat im Juli 1933 das „Gesetz zur Verhütung erbkranken Nachwuchses" in Kraft. Auf der Grundlage dieses Gesetzes erfolgte ab 1934 die Zwangssterilisation von internierten Menschen, die gemäß der Rassenpolitik der NSDAP im Nazi-Staat keinen Platz hatten, darunter depressiv Erkrankte, Epileptiker und auch Sinti und Roma. Mit Manos Vater, Onkel und seinem Cousin Manfred wurde so verfahren (vgl. S. 112 f.). Dies war erst der Anfang, denn Sinti und Roma waren für die Nazis „Asoziale"[53] und daher ein bevölkerungspolitisches Problem, das es zu lösen galt.

Rechtlosigkeit

Im September 1935 wurden die „Nürnberger Gesetze" erlassen.[54] Für die Sinti und Roma bedeutete das Rechtlosigkeit. Dass die Faschisten es ernst meinten mit ihrer Ausgrenzung, zeigt die Verbringung von Hunderten Sinti und Roma in ein Internierungslager in Berlin-Marzahn zwei Wochen vor Beginn der Olympischen Spiele 1936. Andere Städte folgten dem Beispiel Berlins. Zwei Jahre später erfolgten erste Deportationen in Konzentrationslager, so wurden ab Juni 1938 bis Juni 1939 mindestens 2.000 Sinti und Roma, darunter auch Kinder ab 12 Jahren, in die Konzentrationslager Sachsenhausen, Buchenwald, Dachau, Mauthausen und Ravensbrück deportiert. Dort hatten sie Zwangsarbeit zu leisten, selbstverständlich unter unsäglichen Bedingungen. Auch Mano musste Zwangsarbeit verrichten, von der er eine Skoliose davontrug (vgl. S. 268).

---

53 Asoziale im Nationalsozialismus: aufgrund der Rasse oder des Verhaltens als minderwertig betrachtete Menschen. Diese mussten einen „schwarzen Winkel" zur Kennzeichnung tragen.
54 Dazu siehe Kapitel 3.7 Interpretationsansätze: *Mano. Der Junge, der nicht wusste, wo er war* als Buch über die nationalsozialistische Menschenverachtung.

Gedenkstätte Belower Wald
© ullstein bild – CARO/Jürgen Heinrich

Deportation ins besetzte Polen

Um Erfassung und Verfolgung noch nicht internierter „Zigeuner" zu systematisieren und zu organisieren, wurde am 1. Oktober 1938 auf Weisung Heinrich Himmlers[55] die „Reichszentrale zur Bekämpfung des Zigeunerunwesens" gegründet. Zwei Monate später ordnete Himmler die Erfassung aller im Deutschen Reich lebenden Sinti und Roma an. Nahezu 30.000 Sinti und Roma wurden erfasst und registriert. Entschlossen, diese Menschen zu verschleppen, erfolgte im September 1939 der Beschluss, sie (zusammen mit den regis-

---

55 Chef der SS und der Polizei, und ab 1943 Innenminister.

trierten Juden) in das inzwischen besetzte Polen zu deportieren. Damit ihnen keiner entging, erließ Himmler im Oktober 1939 den „Festsetzungserlass", der Sinti und Roma untersagte, ihren Wohn- und Aufenthaltsort zu verlassen. Man brauchte sie also nur noch einzusammeln und zu deportieren. Dies geschah ab Mai 1940.

Auschwitz-Birkenau

In den während des 2. Weltkrieges (1939–1945) von den Deutschen eroberten Gebieten wurden mit den Sinti und Roma in gleicher Weise verfahren, sie wurden erfasst und interniert. Häufig jedoch wurden sie direkt erschossen, so bei der Eroberung russischer Gebiete ab Sommer 1941. Ab Februar 1942 begannen die Deportationen von Sinti und Roma in das Vernichtungslager Auschwitz. Dieser Praxis folgte im Dezember 1942 der entsprechende Erlass Himmlers („Auschwitz-Erlass"), mit dem er die Deportation aller noch im Reichsgebiet lebenden Sinti und Roma nach Auschwitz anordnete. Ab Ende Februar 1943 begann die Deportation von 23.000 Sinti und Roma nach Auschwitz-Birkenau, wo die SS ein „Zigeunerlager" errichtete. Ab März 1943 begann die industrielle Vernichtung der Sinti und Roma. In eigens dafür hergerichteten Gaskammern wurden sie zu Tausenden umgebracht.

Medizinische „Forschung"

Vor ihrer Ermordung bedienten sich Wissenschaftler ihrer, so der Arzt und Anthropologe[56] Josef Mengele, der im Auftrag des damaligen Kaiser-Wilhelm-Instituts für Anthropologie, menschliche Erblehre und Eugenik in Berlin in Auschwitz-Birkenau an Zwillingen „forschte". Mehrfach tötete Mengele eigenhändig Sinti- und Roma-Zwillinge, um ihre Leichen zu sezieren. Gewebeproben und Leichenteile wurden zur Auswertung an das Kaiser-Wilhelm-Institut nach Berlin geschickt, das sich brav bedankte.

Todesmärsche

Gegen Kriegsende evakuierten die Nazis die Konzentrations- und Vernichtungslager und schickten ihre ehemaligen Insassen auf die

---

56 Wissenschaft vom Menschen.

sogenannten „Todesmärsche". Auf ihnen starben noch einmal Tausende Menschen, die die Lager mit viel Glück überlebt hatten, so auch Sinti und Roma. Auch Mano musste einen solchen Todesmarsch durchstehen.[57] Alles in allem verloren 500.000[58] Sinti und Roma ihr Leben.

Die Besetzung Frankreichs 1940–1944

Am 10. Mai 1940 überfielen deutsche Truppen Frankreich, bereits am 14. Juni nahmen sie Paris ein. Am 22. Juni 1940 unterschrieb Ministerpräsident Henri Philippe Pétain die Waffenstillstandserklärung, mit der er vor Deutschland kapitulierte und in der Folge kollaborierte.

Deutschland zonierte Frankreich anschließend in den besetzten Norden und in den nicht besetzten und unter französischer Verwaltung stehenden Süden. Dort durfte Pétain Regierungschef werden. In der südfranzösischen Stadt Vichy richtete er seinen Regierungssitz ein (Vichy-Regime). Pétain als Marionette der Deutschen regierte mit der von ihm erwarteten Rücksichtslosigkeit und Menschenverachtung. Kommunisten, Juden sowie Sinti und Roma ließ er verfolgen, internieren und in der Regel an die Deutschen ausliefern.

Vichy-Regime

Die deutsche Militärverwaltung im besetzten Teil Frankreichs kontrollierte die französische Verwaltung und konnte jederzeit intervenieren. Ziel der deutschen Besatzungsmacht war die wirtschaftliche Ausbeutung Frankreichs. Außerdem wurden Arbeiter für die deutsche Kriegswirtschaft benötigt, die ihr das Vichy-

Pflichtarbeitsdienst

---

57 Dazu siehe Kapitel 6. Prüfungsaufgaben, Aufgabe 1.
58 http://www.sintiundroma.de/sinti-roma/ns-voelkermord.html

Regime unter Pétain lieferte. Der erließ 1943 einen Pflichtarbeitsdienst. Französische Facharbeiter wurden zum „Service du Travail obligatoire" (STO, Pflichtarbeitszeit) zwangsverpflichtet. Für viele junge Franzosen bedeutet der STO, sich zwischen der Zwangsarbeit im Deutschen Reich und dem Abtauchen in den französischen Untergrund entscheiden zu müssen. Tuckermann verweist darauf, indem sie Félix Fouquet darüber berichten lässt, dass die Familie zur Zwangsarbeit abkommandierte Franzosen versteckte (vgl. S. 187).

<small>Widerstandskämpfer der „Résistance"</small>

Die deutschen Besatzer gingen erbarmungslos gegen französischen Protest und Widerstand vor. Mit Verhaftungen, der Verhängung von Todesurteilen und Deportationen nach Deutschland versuchten sie widerständische Franzosen einzuschüchtern, wobei die deutschen Besatzer Unterstützung durch die französische Polizei erhielten. Den französischen Widerstand, organisiert in der „Résistance", konnten die Besatzer und das mit ihnen kollaborierende Vichy-Regime jedoch nicht brechen. Dieser Widerstand, der sich ab 1941 zu etablieren begann, reichte von Druck und Verteilung illegaler Zeitungen, Sabotageaktionen und Attentate auf Nazis und Kollaborateure, Hilfe für Verfolgte bis zur Weitergabe von Informationen an die Gruppe des sich in London befindenden General Charles de Gaulle, der dort mit den freien französischen Streitkräften („Forces françaises libres") einen militärischen Widerstand formiert hatte. Die „Résistance" war gut organisiert und äußerst effektiv und als Reaktion auf ihre Erfolge verfügte der deutsche Militärbefehlshaber Otto von Stülpnagel bereits im August 1941 den sogenannten „Geiselkodex". Dieser sah „harte Repressionsmaßnahmen gegen die französische Zivilbevölkerung vor. Widerstandsaktionen dienten als Anlass, neben politisch Missliebigen, z.B. Kommunisten und Kommunistinnen, auch Juden und Jüdinnen im Rahmen von ‚Vergeltungsmaßnahmen' hinzurichten oder

zu deportieren"⁵⁹. Unzählige Franzosen verloren dadurch ihr Leben.
Die Deutschen gingen also nicht nur sprichwörtlich über Leichen. Ihr Wüten in Frankreich endete mit der Invasion der Alliierten in der Normandie im Juni 1944 und in der Provence im August 1944. Den Alliierten angeschlossen hatte sich Charles de Gaulle mit seiner kleinen Armee. Am 25. August 1944 rückten französische Panzer in Paris ein. Die deutschen Besatzer kapitulierten. Zum Jahreswechsel 1944/45 war fast das gesamte französische Territorium befreit. Zu den wenigen Ausnahmen gehörten unter anderem die Atlantikhäfen La Rochelle und Saint-Nazaire, die für die nach Deutschland drängenden amerikanischen Truppen keine strategische Priorität mehr besaßen und deshalb am 8. Mai 1945 kapitulierten.

Befreiung von Paris im August 1944

---

59 http://media.offenes-archiv.de/ha2_2_5_1_thm_2361.pdf

6. PRÜFUNGSAUFGABEN MIT MUSTERLÖSUNGEN

Die Zahl der Sternchen bezeichnet das Anforderungsniveau der jeweiligen Aufgabe.

Aufgabe 1: *

Zeichnen Sie nach, wie Mano Höllenreiner zurück zu seiner Familie gelangt.

ANALYSE

Mögliche Lösung in knapper Fassung:

Mano weiß, wo er vor seiner Deportation gelebt hat (S. 79). Doch aus Angst davor, von seinen französischen Rettern wegen seiner deutschen Herkunft gehasst zu werden, schweigt er und versucht, sich mit seinem Leben in Frankreich zu arrangieren. Trotzdem gelingt es, ihn nach beinahe zwei Jahren wieder mit seiner Familie zu vereinen. Wie kam das?

Suchauftrag an die UNRRA

Den Anfang macht ein Schreiben der UNRRA vom 18.10.1945, in dem Franz-Josef „Mano" Höllenreiner von seinem Vater als vermisst gemeldet und eine Art Akte angelegt wird („Blue card made" S. 147 f.). Beinahe parallel dazu lässt Madeleine Marcheix-Thoumyre vom Hilfsdienst für Deportierte im Radio eine Suchmeldung verlesen mit einer Beschreibung des Äußeren sowie der Altersangabe und der Angabe der Häftlingsnummer des KZs Auschwitz, Z-3526 (S. 158). Am 3.1.1946 sendet die Pressestelle des Bayerischen Roten Kreuzes eine Mano betreffende Suchmeldung an die UNRRA in München mit „Bitte um Veroeffentlichung ueber den Sender Frankfurt" (S. 162). Diese Suchmeldung bzw. dieser Suchauftrag enthält das Geburtsdatum Manos, Informationen über seine Abstammung („Zigeuner", S. 162), seine Häftlingsnummer und die Information, dass er im KZ Sachsenhausen interniert war, vermutlich nach der Befreiung durch alliierte Truppen bis Neustadt-Gleve in Mecklenburg/Vorpommern gekommen und von ehemaligen französischen Häftlingen aufgenommen und vermutlich nach Frankreich mitgenommen worden ist. Außerdem wird der Name der Eltern genannt. In Frankreich erzählt Mano Madeleine Marcheix-Thoumyre, dass sein Vater beim Zirkus gearbeitet habe (S. 191, S. 234).

In Deutschland wiederum sind Manos Eltern nicht untätig. So lässt Johannes Höllenreiner im März 1946 über die Münchner KZ-Betreuungsstelle einen Aushang verteilen mit Angabe der Häftlingsnummer Manos und der Information, dass er sich zuletzt auf einem Traktor zusammen mit ehemaligen französischen Kriegsgefangenen befand (S. 199). Als Empfänger etwaiger Informationen über Mano Höllenreiner gibt Johannes Höllenreiner einen K. J.-Armin in München an. Dieser Mann, Karl Jochheim-Armin, gibt einen entsprechenden Suchauftrag an die UNRRA in Kassel weiter mit Angabe der Häftlingsnummer und der Information, dass der Gesuchte mit ehemaligen französischen Kriegsgefangenen unterwegs war. Auch Johannes Höllenreiner richtet im März 1946 einen Suchauftrag an die UNRRA in Kassel mit Informationen über die KZ-Aufenthalte Manos, dem Hinweis auf die Franzosen, der Angabe der Häftlingsnummer und Details über sein Aussehen und Verhalten (S. 229).

Bei einer Reise ins Elsass nennt Mano Joséphine Fouquet den Namen seines Vaters („Johann Fischer", S. 275), der allerdings falsch ist, da Mano seinen Vater nicht verraten will. Auch Madeleine Marcheix-Thoumyre gegenüber, die von Joséphine umgehend darüber in Kenntnis gesetzt wurde (S. 278), erwähnt Mano den Namen Johann Fischer und die Stadt München. Frau Marcheix-Thoumyre will nach Deutschland reisen und nach den Menschen

Suche von Madeleine Marcheix-Thoumyre in Deutschland

suchen, die Mano ihr genannt hat. Als sie Mano von ihrem Plan erzählt, gibt er preis, dass sie in München nach den Gebrüdern Höllenreiner – vorgeblich „Freunde seiner Eltern" (S. 284) – suchen soll: „Die Höllenreiner–Brüder musst du suchen. In der Deisenhofener Straße. Sie sind Pferdehändler." (S. 278)

Kooperation zwischen MMFL und UNRRA

Nach ihrer Rückkehr bekommt Colonel Sorbac, Chef der MMFL in München, am 2.10.1946 in Marcheix-Thoumyres Auftrag ein Schreiben vom Hilfsdienst für Verschleppte (S. 282 ff.). Das Schreiben enthält Informationen über Manos Alter, dass er Mannot heiße, über seinen Aufenthalt in Auschwitz, über seine Rettung durch Franzosen. Er könne kein Wort Französisch, seine Familie sei gefoltert und verbrannt worden, heißt es in dem Schreiben. Weiter heißt es, dass nun sein Gedächtnis allmählich zurückkehre und er gesagt habe, dass er in München gelebt habe, dass sein Vater Johann Fischer[60] heiße und beim Zirkus Krone angestellt war, wo man allerdings keinen Johann Fischer kenne. Weiter werden die Gebrüder Höllenreiner genannt, die Pferdehändler in München seien. Abschließend wird Colonel Sorbac gebeten, entsprechende Recherchen zu initiieren. Colonel Sorbac gibt das Schreiben am 11. Oktober 1946 an Jean L. Bailly von der UNRRA München weiter mit der Bitte um Durchführung der Suche (S. 287).

Manos Eltern werden gefunden

Baillys Mitarbeiterin Tatiana Albova nimmt daraufhin Kontakt mit dem Zirkus Krone auf und dann mit einem alten Mann namens Höllenreiner, der den Verlust eines Enkels beklagt. Frau Albova bittet um Kontakt mit den Eltern des vermissten Kindes. Bei diesen Eltern handelt es sich in der Tat um Manos Eltern, wie sich schnell herausstellt (S. 293). Frau Höllenreiner bittet, dass man ihr Kind noch vor Weihnachten zu ihr zu bringen möge. Daraufhin informiert Colonel Sorbac Madame Marcheix-Thoumyre (S. 297 f.).

---

60 Manos Vater hieß Johannes und seine Mutter war eine geborene Fischer (vgl. S. 294).

Auch das Hauptquartier der UNRRA wird informiert, um die notwendigen Anweisungen abzuwarten. Am 3.12.1946 unterzeichnen die Eltern Höllenreiner eine beglaubigte Ermächtigung, dass Jean L. Bailly den Jungen abholen und zu ihnen bringen soll. Bailly nimmt den Jungen von Madame Marcheix-Thoumyre in Empfang (S. 304). Am 13.12.1946 schließlich ist Mano wieder bei seinen Eltern (S. 310).

Aufgabe 2: **

Zeigen Sie anhand geeigneter Zitate, warum Mano seine Herkunft verschweigt und erklären Sie sein Verhalten.

Mögliche Lösung in knapper Fassung:
„*ich bin Deutscher*
ich wohne in der Sammtstraße 4
meine Onkel und Cousins wohnen in der Deisenhofener Straße in München
ich bin kein Jude
ich bin kein Franzose
ich weiß alles wieder
ich habe gar nichts vergessen
wenn ich es sage sind sie schlecht zu mir"
(S. 79)

ZITATE

Mano weiß also genau, wo er vor seiner Verschleppung durch die Nazis gelebt hat (vgl. auch S. 19: Zettel mit seiner Adresse). Trotzdem verschweigt er sein Wissen vor seinen französischen Rettern. Er tut es, weil er Angst hat. Er hat Angst, seine Herkunft mitzuteilen, und das gleich in doppelter Hinsicht. Er fürchtet sagen zu müssen, dass er Zigeuner ist, und er fürchtet sagen zu müssen,

Verschweigt seine Herkunft und Identität

dass er Deutscher ist. Von seinem Vater hat er gelernt, über seine Herkunft zu schweigen:

„Früher hat mein Tata immer gesagt, wenn wer gefragt hat, wir sind von Ungarn, damit keiner was denkt von Zigeuner und schlecht zu uns ist." (S. 89)

Dies ist sozusagen ein Schweigen in dritter Generation, denn was Johannes Höllenreiner an seinen Sohn weitergibt, hat er schon von seinem Vater gelernt:

„so hat ers mir erklärt damit niemand was gegen uns sagt so hat Papo es schon ihm erklärt damit niemand weiß was wir sind und was Schlechtes denkt" (S. 276)

Später ist Mano beunruhigt darüber, dass die Chevriers herausbekommen haben könnten, dass er Zigeuner ist (S. 257), weil er den Begriff „bonne humeur"[61] falsch deutet.

<small>Verschweigt seine Nationalität</small>

Mano verschweigt nicht nur seine Herkunft, sondern auch seine Nationalität. Grund dafür ist der Rat seiner Retterin Élise Carré: „,Du darfst nicht sagen, du bist deutsch', sagte die Frau. ,[...] Sonst kannst du nicht mit. Sonst müssen wir dich hierlassen.'" (S. 19)

Bei den Fouquets lebend ist er dann Zeuge der praktischen Umsetzung des Deutschenhasses: Er erlebt die demütigende Behandlung deutscher Kriegsgefangener (S. 54) und die Rache der Franzosen an französischen Frauen, denen man den Kopf geschoren hat (S. 108). Alle diese Beobachtungen machen den traumatisierten Jungen panisch. Trotz aller Diskretion wird auch Mano schließlich

---

[61] dt.: guter Laune sein.

Opfer des Deutschenhasses: Er wird in diverse Prügeleien verwickelt mit Jungen, die ihn als Deutschen beschimpfen.
Was macht das mit ihm? Augenfällig ist seine Brutalisierung. So tritt er auf von ihm niedergeschlagene Gegner noch ein, wenn sie schon am Boden liegen (S. 100). Außerdem lernt er, auf die Deutschen zu schimpfen. Tief im Innersten aber will er sich mitteilen, möchte sagen, wer er ist und woher er kommt, und hat doch furchtbare Angst (S. 84), die sich auch körperlich zeigt (S. 107). Diese Angst lässt ihn ins Erholungslager gehen, diese Angst lässt ihn auch die Kinderpsychiatrie auf sich nehmen, aus der er angesichts des Grauens dort zu fliehen versucht. Dabei wünscht er sich nichts sehnlicher, als zu seinen Eltern zurückzukehren, wobei er nicht weiß, ob sie noch leben (S. 139). Auch diese Ungewissheit lässt ihn schweigen:

„wenn ich es sage wollen sie mich nicht mehr
und wenn zu Hause niemand mehr lebt kann ich hier auch nicht mehr
zu Hause sein" (S. 107)

Im Laufe der Monate fasst Mano jedoch Mut. Ein Grund dafür könnte die Versöhnungspolitik de Gaulles gegenüber Deutschland sein, von der Mano hört (S. 201 f.). Ausschlaggebend aber dürfte Manos Vertrauen zu Joséphine Fouquet und Madeleine Marcheix-Thoumyre sein, denn ihnen öffnet er sich langsam, wobei er Joséphine Fouquet gegenüber in rührender Weise versucht, seinen Vater nicht zu verraten (S. 276). Madeleine Marcheix-Thoumyre schließlich bittet er, in der Deisenhofener Straße in München nach den Höllenreiners zu suchen (S. 278).

Trotzdem ist Mano irritiert, als seine Eltern tatsächlich gefunden werden, denn er hat sich inzwischen an das Leben in Frankreich

Manos Reaktionen

Ungewissheit über das Schicksal der Eltern

Vertrauen

Angst vor der Rückkehr nach Deutschland

mit den vielen sich um ihn kümmernden Menschen gewöhnt. Und nun ist die Situation für ihn eine umgekehrte:

„*meine Eltern leben und man hat sie in München gefunden? und wenn sie es nicht sind? und ich muss wohin wo alles fremd ist?*" (S. 301)

Dies ist alles vergessen, als er auf den Fotografien seine Eltern erkennt (S. 303).

Aufgabe 3:***

Rekonstruieren Sie anhand der Berichte Franz-Josef „Mano" Höllenreiners den Todesmarsch der Häftlinge aus dem KZ Sachsenhausen.

Mögliche Lösung in knapper Fassung:

REKONSTRUKTION

Die Bezeichnung „Todesmarsch" steht für die Verbringung von KZ-Häftlingen in andere Lager. Im Juni 1944 landeten alliierte Truppen in der Normandie und setzten von dort aus ihren Vormarsch Richtung Westeuropa in Gang. Im April 1945 gewannen sowjetische Truppen die Schlacht an der Oder und bereiteten die Einnahme Berlins vor. Die militärische Niederlage Nazi-Deutschlands stand also unmittelbar bevor. Um zu verhindern, dass die vorrückenden alliierten Truppen auf die Häftlinge der Arbeits- und Todeslager stießen, ordnete Heinrich Himmler[62] am 14. April 1945 die Räumung der KZs an. Die Häftlinge sollten in andere Lager oder in abgelegene Gebiete im Landesinneren getrieben werden. Im Roman heißt es:

Himmler:
Räumung
der KZs

---

62 Heinrich Himmler (1900–1945): Nach Hitler mächtigster Mann im NS-Staat.

„Alles raustreten!
Ihr kommt woandershin!
Wieder in ein anderes Lager vermuten wir   raus aus dem Käfig auch wir Kinder auf dem Appellplatz aufstellen die Deutschen verlieren den Krieg sagen manche und sie treiben uns ins Meer oder auf Schiffe und versenken sie mit uns   so war die Parole   sie wollen uns verschwinden lassen" (S. 120).⁶³

Zum Teil wurden die Häftlinge in Güterzügen transportiert, aber die meisten mussten unter Aufsicht der SS teilweise über mehr als hundert Kilometer lange Märsche bewältigen. Mano spricht gegenüber Joséphine Fouquet von Tagesmärschen von zehn bis zwanzig Kilometern (S. 53). Die SS trieb Kolonnen von hungernden, völlig entkräfteten Menschen bei klirrender Kälte in nur dünner Sträflingskleidung durch das Land. Mano erzählt von dieser Kälte und davon, dass er seinen Mantel verteidigen musste, mit dem er sich vor der Kälte schützte:

Tod durch Erschöpfung und Erschießung

„ ... und in der bitterkalten Nacht will mir einer den Mantel rauben ich schreie schlage und halte fest immer wieder versucht er es" (S. 120)

Für Mano ist sein Mantel überlebenswichtig, wie aus folgenden Zeilen hervorgeht:

„der Mantel war so schwer aber ich hab ihn behalten   immer   dass ich nicht verfrier wenn die Nacht kommt" (S. 123)

---

63 Tatsächlich sollte zwei Jahre später der Lagerkommandant Anton Kaindl im Berliner Sachsenhausen-Prozess gestehen, dass die Häftlinge in Lübeck auf Schiffe verladen und diese dann versenkt werden sollten: http://www.zeit.de/1992/17/dieses-geraeusch-der-holzschuhe/seite-2

Im Belower Wald

Die Menschen starben entweder an Erschöpfung („nichts zu essen nichts zu trinken", S. 120) oder wurden von der SS umgebracht. Oft spricht Mano davon, dass die Menschen, die nicht mehr aufstehen konnten, erschossen wurden (S. 170). Der Todesmarsch der Häftlinge des KZs Sachsenhausen begann am 21. April 1945.[64] 33.000 Menschen wurden in Gruppen zu je 500 Mann in Richtung Schwerin in Marsch gesetzt. Auf unterschiedlichen Wegen gelangten die Häftlinge in den Raum Wittstock. Im Belower Wald nördlich von Wittstock wurden ab dem 23. April 1945 in einem großen Lager mehr als 16.000 Häftlinge zusammengezogen. Auch Franz-Josef „Mano" Höllenreiner war im Belower Wald:

„und wir weiter bis in den großen Wald drei Tage lagern wir die Leute brechen die Löffel ab und kratzen Rinden von den Bäumen und in der bitterkalten Nacht will mir einer den Mantel rauben ich schreie schlage und halte fest immer wieder versucht er es ich halte meinen Mantel im Schlaf und Manfred liegt mit drunter sterben werden wir alle in diesem Wald der ganze Wald ist voll mit Leuten überall liegen sie im ganzen Wald Tausende von uns und drumherum eine Postenkette SS und am Morgen plötzlich ist alles weg sind wir alle tot? alles weiß wir sind unter dem Schnee der Nacht begraben und allmählich kommen die dunklen dürren Geschöpfe heraus wie Gespenster" (S. 120 f.)

Ab dem 29. April wurde dieses Lager aufgelöst, die Menschen wurden von den SS-Schergen Richtung Parchim und Schwerin getrieben. In der Regel wählte die SS Nebenstraßen, durch Dörfer wurde

---

64 http://www.stiftung-bg.de/gums/de/

nur gegangen, wenn es sich nicht vermeiden ließ. Manche Dorfbewohner hatten Nahrungsmittel und Wasser an den Wegrand gestellt, doch die SS ließ die Menschen weder essen noch trinken. Auch dieses unmenschliche Verhalten wird im Roman erwähnt:

„*Wald dann mal Straßen Felder und lang gezogene Dörfer Leute haben geschaut und Wasser für uns hingestellt die SS ließ uns nicht trinken sie traten die Eimer um*" (S. 123)

Vor Schwerin trafen die Häftlinge und ihre Schinder dann auf Einheiten der Roten Armee und der amerikanischen Truppen. Vorher schon hatten sich viele der SS-Männer abgesetzt. Die verbliebenen SS-Angehörigen wurden in den Kämpfen mit Russen oder Amerikanern aufgerieben und so die noch lebenden Häftlinge von ihren Peinigern befreit. Im Roman sind es Russen, die die noch verbliebenen SS-Männer erschießen. Zunächst glückt Mano die Flucht aus einer Art Zwischenlager, vermutlich Neustadt-Glewe in Mecklenburg-Vorpommern (vgl. S. 162), das kaum noch bewacht wird:

Befreiung durch russische Panzerverbände

„*sie haben Stacheldraht um uns herumgerollt und wir waren eingesperrt die SS-Männer sind immer weniger geworden jede Nacht sind welche abgehauen es haben welche im Fahrzeug geschlafen und keiner hat uns mehr bewacht aber der Stacheldraht jetzt müssen wir fort hat einer gesagt die bringen uns hier alle um mit den bloßen Händen haben wir unter dem Stacheldraht ein Loch gegraben kommen wir da durch? wir sind dünn flach auf dem Boden drunter durchschieben nicht hängen bleiben sieben Jungen wir haben es geschafft*" (S. 308)

Die sieben Jungen geraten anschließend in eine Schießerei zwischen versprengten SS-Leuten und russischen Panzerverbänden, die die SS-Männer nicht überleben (S. 309). Mano und seine Cousins wollen sich schließlich auf den Weg nach München machen. Aufgrund seiner Schwäche bricht er zusammen und wird von Franzosen gerettet (S. 16 f.).

LITERATUR

Zitierte Ausgabe:
Tuckermann, Anja: *Mano. Der Junge, der nicht wusste, wo er war.* Berlin: KLAK Verlag, 2015.

Über „Mano" Höllenreiner:
„Wir wollten halt noch leben." Zeuge der Zeit: Mano Höllenreiner. ARD-alpha. 27.1.2017. http://www.ardmediathek.de/tv/Zeuge-der-Zeit-Mano-H%C3%B6llenreiner/Wir-wollten-halt-noch-leben/ARD-alpha/Video?bcastId=40451888&documentId=40456950 (abgerufen am 1.11.2017) → Ein Film über und mit Mano Höllenreiner.
„Wir haben doch nichts getan ..." – *Der Völkermord an den Sinti und Roma.* Film von Gabriele Trost. SWR 2007. https://www.youtube.com/watch?v=kkY5Ja2drIk (abgerufen am 17.10.2017) → Zu Wort kommen u.a. Josef „Muscha" Müller, Hugo Höllenreiner und Franz-Josef "Mano" Höllenreiner.
Hermann Höllenreiner – Die wahre Geschichte eines Sintijungen. Ethik Projekt der Kl.10 der Mittelschule Mühldorf am Inn, 4.5.2015. https://www.youtube.com/watch?v=K0ZqMrDi1AM (abgerufen am 19.3.2018)
„Was ist Antiziganismus?" – *Teil 6, Mano.* 2016. https://www.youtube.com/watch?v=V9Vdzx7pDok (abgerufen am 17.10.2017) → Franz-Josef „Mano" Höllenreiner berichtet von seinen Erlebnissen.
Angerer, Tina: *„Z 3526" sucht seine Eltern.* In: *Abendzeitung*, 12.9.2008. http://www.abendzeitung-muenchen.de/inhalt.muenchen-z-3526-sucht-seine-eltern.314920ce-eaab-4f94-aaa1-10a5e1dc7e59.html

(abgerufen am 23.10.2017) → Artikel über Franz-Josef Mano Höllenreiner mit biografischen Details.

Zu Tuckermanns *Mano. Der Junge* ...:
Cronenberg, Ulf: Buchbesprechung: Anja Tuckermann „*Mano. Der Junge, der nicht wusste, wo er war*" (Rezension). 9.10.2008 https://www.jugendbuchtipps.de/2008/10/09/buchbesprechung-anja-tuckermann-mano-der-junge-der-nicht-wusste-wo-er-war/ (abgerufen am 10.9.2017)
Huuk, Mareike: *Verloren in einem fremden Land* (Rezension). 2009. Lesebar Uni Köln. www.lesebar-uni-koeln.de/28228.html
Lötscher, Christine: *Mano. Der Junge, der nicht wusste, wo er war* (Rezension). http://www.sikjm.ch/rezensionen/datenbank/?id=1297&c=1&keyword=Identit%E4t (abgerufen am 16.9.2017)
Lüthi, Andrea: *Erinnern ohne Sprache und Heimat* (Rezension). Neue Zürcher Zeitung, 4.3.2009. https://www.nzz.ch/erinnern_ohne_sprache_und_heimat-1.2137344 (abgerufen am 10.9.2017)
Pahl, Jochen: Interview mit Anja Tuckermann. *lesepunkte*, 27.10.2008. http://archiv.lesepunkte.de/archiv/autor-im-profil/tuckermann-anja/index.html (abgerufen am 19.3.2018)

Informationen über Sinti und Roma:
www.bpb.de/internationales/europa/sinti-und-roma-in-europa/179536/ein-unbekanntes-volk-daten-fakten-und-zahlen?p=all (abgerufen am 4.9.2017)
http://www.sintiundroma.de/uploads/media/chronologie140111.pdf (abgerufen am 5.9.2017) → Der Völkermord (Chronologie).

http://www.sintiundroma.de/sinti-roma/ns-voelkermord.html (abgerufen am 22.11.2017) → Der Völkermord.
http://www.sintiundroma.de/sinti-roma/ns-voelkermord/vernichtung/medizinische-experimente/mengeles-versuche-in-auschwitz.html (abgerufen am 8.9.2017) → Menschenversuche des Josef Mengele.
https://www.planet-schule.de/wissenspool/spuren-der-ns-zeit/inhalt/hintergrund/sinti-und-roma-biografien.htmlkap2 (abgerufen am 2.12.2017) → Sinti- und Roma-Kinder im Nationalsozialismus.

Geschichte/Sonstiges:
Frankreich unter deutscher Besatzung. KZ-Gedenkstätte Neuengamme. http://media.offenes-archiv.de/ha2_2_5_1_thm_2361.pdf (abgerufen am 08.09.2017) → Bebilderte Informationen über Frankreich in den Jahren 1940–1944.
Siegerstolz und Demütigung: Deutsche Besatzung in Frankreich. SWR, 27.9.2016. https://www.swr.de/geschichte/deutsch-franzoesische-nachbarschaft-siegerstolz-und-demuetigung-deutsche-besatzung-in-frankreich/-/id=100754/did=18214920/nid=100754/n2w39w/index.html (abgerufen am 8.9.2017) → Das besetzte Frankreich 1940–1944.
Pfeil, Ulrich: *Kriegsende in Frankreich.* Bpb, 8.4.2015. http://www.bpb.de/apuz/204280/kriegsende-in-frankreich?p=all (abgerufen am 14.9.2017) → Darstellung der Ereignisse nach Kriegsende.
Wysling, Andres: *Frankreichs geschorene Frauen.* In: *Neue Zürcher Zeitung,* 16.8.2017. https://www.nzz.ch/international/die-befreiung-beginnt-mit-einer-hexenjagd-frankreichs-geschorene-frauen-ld.1305283 (abgerufen am 14.9.2017)

→ Lesenswerter Artikel über die Rache französischer Männer an französischen Frauen.
Wickert, Sylvie: *Dieses Geräusch der Holzschuhe.* In: *Die Zeit,* 17.4.1992. http://www.zeit.de/1992/17/dieses-geraeusch-der-holzschuhe (abgerufen am 27.10.2017) → Über den Todesmarsch der Häftlinge von Sachsenhausen.
http://www.stiftung-bg.de/gums/de/
(abgerufen am 27.10.2017) → Über das KZ Sachsenhausen.
Schmidt, Heinrich: *Philosophisches Wörterbuch.* Stuttgart: Kröner, 1982.

STICHWORTVERZEICHNIS

Antiziganismus 116, 133
Aubrac, Lucie 50, 86, 92
Belower Wald 22, 117, 130
Briefmarken 36, 57, 58, 61, 84, 89
Einheit Dirlewanger 25, 91, 94
Elektroschock 41–43, 80, 84
Er-Form 8, 96–98
Erzählverhalten, auktoriales 96, 98, 99
Erzählverhalten, neutrales 98, 99
Erzählverhalten, personales 97, 98
Eudier, Louis 62, 65, 85
Figurensprache 8, 96
Gaulle, Charles de 11, 50, 53, 86, 120, 121
Gaulle, Geneviève de 49–51, 57, 86, 92
Höllenreiner, Hugo 18, 20, 21, 69, 70, 133
Humanität 8, 106, 108, 109, 111
Ich-Form 8, 96–98
Innerer Monolog 7, 8, 72, 99
KZ Auschwitz 7, 15, 18, 20, 35, 43, 59, 62, 65, 79, 85, 90, 93, 118, 122, 124
KZ Neustadt-Gleve 26, 123
KZ Ravensbrück 7, 19, 22, 27, 35, 39, 49, 51, 79, 90, 116
KZ Sachsenhausen 6, 7, 22, 23, 25, 27, 35, 40, 77, 79, 90, 116, 123, 128, 130, 136
Mengele, Josef 18, 118
Müller, Josef „Muscha" 16, 20, 133
Nürnberger Gesetze 107, 108, 116
Pétain, Henri Phillipe 50, 119, 120
point of view 97
Résistance 7, 12, 50, 53, 77, 83, 86, 120
Roma 6, 16, 18–20, 107, 115, 116, 118, 119, 133, 134
Schmeling, Max 36–38, 51, 78, 94
Sinti 6, 16, 18–20, 69, 77, 78, 106, 107, 115, 116, 118, 119, 133, 134
Todesmarsch 6, 7, 23, 30, 32, 33, 40, 41, 45, 48, 77, 79, 106, 119, 128, 130, 136
UNRRA 24, 45, 55, 56, 65, 66, 68, 69, 71, 72, 91, 122, 123, 125

Vendroux, Jacques 51, 86

Zeitzeuge 7, 20, 21, 28, 30, 51, 55, 59, 69, 75, 99

Zwangssterilisation 16, 39, 79, 116

Zweiter Weltkrieg 11, 13, 95, 118

LEPORELLOS
AUF DEN PUNKT GEBRACHT

Auf den Punkt gebracht

AUF 12 BIS 24 SEITEN ZUSAMMENGEFASST

HANDLICHES FORMAT 10 x 23 CM

WICHTIGES SCHNELL GEFUNDEN

KONZENTRIERTES WISSEN

GÜNSTIGER PREIS

ABWISCHBAR

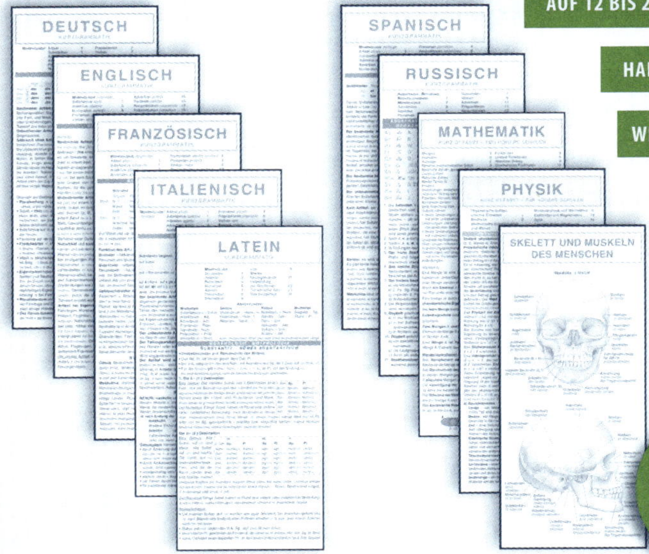

nur 4.50 €

	Best.-Nr.		Best.-Nr.
Deutsch: KURZGRAMMATIK	8899	Spanisch: KURZGRAMMATIK	8894
Englisch: KURZGRAMMATIK	8898	Russisch: KURZGRAMMATIK	8893
Französisch: KURZGRAMMATIK	8897	Mathematik: kurz gefasst	8892
Italienisch: KURZGRAMMATIK	8896	Physik: kurz gefasst	8891
Latein: KURZGRAMMATIK	8895	Skelett und Muskeln des Menschen	8890

Alles zur Vorbereitung auf Referat, Klausur, Abitur, und Matura
www.königserläuterungen.de

www.bange-verlag.de

DIGITALES ZUSATZMATERIAL

Literarisch vernetzt! Über 600 Materialien online.

Neuerscheinungen, Aktionen, kostenlose Angebote und Infos rund um Literatur.

Melden Sie sich gleich an – es lohnt sich!*

- über **150 Gedichtinterpretationen** je 0,99 Euro
- über **200 Königs Erläuterungen** als PDF
- **Königs Erläuterungen** jetzt auch **als E-Book** für alle gängigen Lesegeräte, iPad und Kindle
- über **50 MP3** mit Audio-Inhaltszusammenfassungen zu gängigen Werken kostenlos!
- + über **150 kostenlose Abituraufgaben**
- + Anleitung „Wie interpretiere ich?" kostenlos!
- + Anleitung „Wie halte ich ein Referat?" kostenlos!
- + Literaturgeschichte von A-Z kostenlos!

Seien Sie immer aktuell informiert mit unserem **Newsletter** oder über unsere Social-media-Plattformen.

 Königs Erläuterungen   www.bange-verlag.de

* Sie erhalten max. 1 Newsletter monatlich!

www.königserläuterungen.de   www.bange-verlag.de